بسم اللـه الرحمن الرحيم

برنامج تعليمي قائم على نظرية النَظم للجرجاني

" دراسة تربوية لمهارات الاستيعاب والتذوق الأدبي "

رقم الإيداع لدى المكتبة الوطنية (2010/12/4515)

371 .3
الجاغوب، محمد عبد الرحمن
ابرنامج تعليمي قائم على نظرية النظم للجرجاني/محمد عبد الرحمن الجاغوب-عمان: دار غيداء للنشر والتوزيع، 2009
(   ) ص
ر:أ: (2010/12/4515)
الواصفات: طرق التعليم ///الادب العربي//اللغة العربية//مهارت القراءة//أساليب التدريس

*تم اعداد بيانات الفهرسة والتصنيف الأولية من قبل دائرة المكتبة الوطنية

ISBN: 978-9957-480-87-5

دار غيداء للنشر والتوزيع

تلاع العلي- شارع الملكة رانيا العبد الله
تلفاكس: 2043535 6 269 +
ص: ب: 520946 عمان 11152 الأردن

مجمع العساف التجاري - الطابق الأول
خلوي: 143 95667 7 692 +
E-mail:darghidaa@gmail.com

برنامج تعليمي قائم على نظرية النَظم للجرجاني

" دراسة تربوية لمهارات الاستيعاب والتذوق الأدبي "

الدكتور
محمد عبد الرحمن الجاغوب

الطبعة الأولى
2011 م - 1432 هـ

إنــــي أقــول مقــالا لســت أخفيـــه ولســت أرهــب خصــما إن بـــدا فيـــه

مـــا مـــن ســـبيلٍ إلى إثبـــات معجـــزة في الــــنظم إلا بمـــا أصـــبحت أبديـــه

فمـــا لنـــظم كـــلامٍ أنـــت ناظمـــه معنـــى ســـوى حكـــم إعـــرابٍ تزجيـــه

وقـــد علمنـــا بـــأن الـــنظم لـــيس ســـوى حـــكمٍ مـــن النحـــو نمضـــي في توخيـــه

"عبد القاهر الجرجاني"

الفهرس

الفصل الأول

مشكلة الدراسة وأهميتها

المقدمة 15

الأسئلة 25

الفرضيات 26

أهمية الدراسة 26

محددات الدراسة 27

التعريفات الإجرائية 27

الفصل الثاني

الإطار النظري والدراسات ذات الصلة

أسس نظرية النظم 32

فنون النظم 35

بين اللفظ والمعنى 39

من روائع جمال النظم 40

التركيب النحوي والمعنى 43

استيعاب المعنى 46

مستويات الاستيعاب 47

التذوق الأدبي.......... 48

المؤشرات السلوكية لمهارات التذوق 49

علاقة النظم بالاستيعاب والتذوق 51

الدراسات السابقة ذات الصلة 52

الفصل الثالث

الطريقة والإجراءات

أفراد الدراسة.......... 61

أدوات الدراسة.......... 62

البرنامج التعليمي 68

دليل المعلم 74

التصميم والمعالجات الإحصائية 76

الفصل الرابع

نتائج الدراسة

مناقشة النتائج.......... 79

التوصيات.......... 90

الفصل الخامس

البرنامج التعليمي

الوحدة الأولى: العلم والتقانة 93

الوحدة الثانية: أسرار الطبيعة.......... 129

الوحدة الثالثة: آفاق المكان 160

الفصل السادس

دليل المعلم 177

المراجع 243

الملاحق 275

قائمة الجداول

الرقم	المحتوى	الصفحة
1	توزيع أفراد الدراسة على المجموعات تبعا لمتغير المجموعة (البرنامج) والجنس.	62
2	مواصفات اختبار استيعاب المعنى	63
3	معامل مواصفات اختبار التذوق الأدبي	66
4	جدول الوحدات التعليمية وموضوعاتها وعدد الحصص المقررة لكل منها	72
5	الخطة الزمنية للبرنامج التعليمي	74
6	المتوسطات الحسابية والانحرافات المعيارية لاختبار استيعاب المعنى البعدي موزعة حسب متغير الجنس في كل مجموعة	80
7	نتائج تحليل التغاير الثنائي لاختبار استيعاب المعنى البعدي تبعا لمتغيري المجموعة والجنس	81
8	المتوسطات الحسابية والانحرافات المعيارية لاختبار التذوق الأدبي البعدي موزعة حسب متغير الجنس في كل مجموعة	83
9	نتائج تحليل التغاير الثنائي لاختبار التذوق البعدي تبعا لمتغيري المجموعة والجنس	84

قائمة الملاحق

الرقم	المحتوى	الصفحة
.1	المهارات التي يقيسها اختبار استيعاب المعنى.	243
.2	اختبار استيعاب المعنى.	247
.3	معامل الصعوبة والتمييز لاختبار استيعاب المعنى	258
.4	نموذج الإجابة لاختبار استيعاب المعنى.	260
.5	المهارات التي يقيسها اختبار التذوق الأدبي.	261
.6	اختبار التذوق الأدبي.	263
.7	معامل الصعوبة والتمييز لاختبار التذوق الأدبي	271
.8	نموذج الإجابة لاختبار التذوق الأدبي.	272
.9	أسماء الخبراء والمختصين الذين قاموا بتحكيم أدوات لدراسة	274

الفصل الأول

مشكلة الدراسة وأهميتها

الفصل الأول

مشكلة الدراسة وأهميتها

المقدمة:

إن استيعاب المعنى وتذوق جماليات النص الأدبي غايتان مهمتان، وهدفان ساميان من أهداف تعليم اللغة، بهما تزداد خبرات الطلبة، وتنمو معارفهم، وتصقل أذواقهم. فالاستيعاب يمثل الهدف النهائي لعملية القراءة، ومحصلة ما يفهمه القارئ، وما يستنتجه من معارف وحقائق، إذْ تتشكل لديه معانٍ جديدة جراء التفاعل ما بين الخبرات السابقة التي يمتلكها، والمعلومات الجديدة التي يكتسبها من النص، ويتوصل بها إلى استنتاجات وتعميمات قد تعينه على حل مشكلاته الحياتية.

أما التذوق فهو نشاط إيجابي ناجم عن تأثر القارئ بالنواحي الجمالية والفنية للنص الذي يقرؤه ويتفاعل معه تفاعلا عقليا ووجدانيا، ويقدره ويحكم عليه، بعد أن يكون قد أجال نظره فيه وركز انتباهه عليه. ويمكن تنميته بدراسة أجواء النص، وظروف قائله النفسية والاجتماعية، وإعادة قراءته، والنظر إليه نظرة شمولية، والموازنة بينه وبين نصوص أخرى مماثلة له.

والوثيقة الوطنية لمنهاج اللغة العربية في دولة الإمارات العربية المتحدة تقوم على عدد من الأهداف، أبرزها: أن يبني المتعلمون معرفة لغوية تتصل بتاريخ الأدب العربي، وبالعلوم البلاغية، وأنْ يوظفوا تلك المعرفة في فهم النصوص الأدبية في سياقاتها التاريخية، وفي تذوقها وتقويمها وإنتاجها (وزارة التربية والتعليم والشباب، 2002). ونتيجة لذلك يجد الاستيعاب والتذوق صدى واسعا في كتب اللغة العربية المنبثقة عن تلك الوثيقة، وفي مواقف تعليم اللغة العربية وتعلمها.

ويحتل الاستيعاب comprehension منزلة رفيعة بين المهارات الإدراكية للإنسان، وأولى مراحله تبدأ بإدراك الرموز المكتوبة، والعلاقات التي تربط ما بينها، ثم

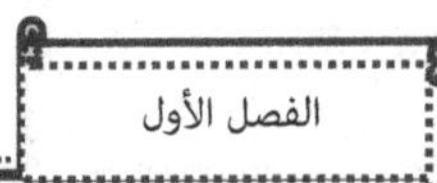

استيعاب مدلولاتها، والوقوف على الغرض الذي يرمي إليه الكاتب من ورائها (التل و مقدادي، 1991).

وهذه الرموز قد تكون حروفاً أو ألفاظا، والألفاظ لها دلالات معنوية، وقد تبقى تلك الدلالات ثابتة، وقد تتسع أو تضيق، وقد تتحول عن المعنى الذي كانت تدل عليه، لتدل على معنى آخر جديد. والبحث في دلالات الألفاظ وتطورها له صلة بشؤون الحياة؛ لأن كثيرا من المعاهدات والاتفاقيات بين الدول تتوقف على تحديد معاني الألفاظ فيها، ويتوقف عليها كثير من التفسيرات والأحكام الشرعية والقانونية (المبارك، **2003**).

وتؤثر في الاستيعاب ثلاثة عوامل، هي: خصائص السياق، وخصائص النص، وخصائص القارئ، وتضم خصائص السياق الهدف المطروح أمام القارئ، وعنوان النص، والمنظمات التمهيدية، كالأسئلة المرفقة، والرسوم، والصور والمخططات، وطريقة تقديم النص. وتعني خصائص النص بنية السطح وهي الناحية اللغوية، وبنية العمق وهي الناحية الدلالية. أما خصائص القارئ فتشمل بناه المعرفية، والسيرورات السيكلوجية، أما بناه المعرفية فهي ما تختزنه ذاكرته من معلومات وخبرات سابقة، وأما السيرورات السيكلوجية فهي الإدراك والتمييز، والتفكيك والتنشيط،، والتنبؤ، والحفظ، والاسترجاع والعرض (أندريه،**1991**).

وعمليات الاستيعاب من العمليات العقلية المركبة، التي ترتبط بقدرة القارئ على الفهم والتحليل والتركيب، وإدراك المعاني الظاهرة والضمنية، ومعرفة ما يقال على سبيل الحق وما يقال على سبيل الباطل. والقارئ الماهر هو الذي يصل إلى المعنى بسهولة ويسر، أما القارئ الذي يفتقر إلى تلك الخبرات فسوف يعاني من قصور في عملية الاستيعاب، وتتحول القراءة عنده إلى مجرد عملية آلية تقتصر على نطق الرموز والتلفظ بها (عاشور والحوامدة **2007**).

وتهدف عمليات الاستيعاب إلى تحصيل المعرفة واكتسابها، وتتجلى أهميته في كوْنه أساسا لنجاح الطالب في المواد الدراسية المختلفة، ومصدرا من مصادر الدافعية التي

تدفعه نحو مزيد من النجاح(Anderson 1985,)؛ ونظرا لأهميته نادى باحثون بضرورة تعليمه بفعالية عالية، لأن القراءة التي تتم دون وعي وفهم ما هي إلا مجرد عبث (Reed,1992).

وهناك عوامل أخرى تؤثر في الاستيعاب، منها ما يتعلق ببيئة الطالب، كالإضاءة والمقاعد والظروف العائلية. ومنها ما يتعلق بالمادة المقروءة وحجمها ومدى صعوبة مفرداتها، والقواعد الصرفية والنحوية التي نظمتْ على أساسها. ومنها ما يتعلق بالمعلم وتصرفاته وباستراتيجيات التدريس التي يتبعها في عرض المادة (Goodman&Burk,1983. Strain,1976).

وللاستيعاب مستويات، منها: الحرفي، ويقصد به القدرة على فهم المعاني البسيطة الواردة في النص، ولا يتطلب عملية بناء جديدة، والاستنتاجي الذي يعني فهم غرض الكاتب عن طريق الأسئلة التي تستثير التفكير، والناقد الذي يتضمن تحليل المناقشات، وتمييز الحقائق، وتفنيد الادعاءات، والكشف عن مواطن التحيز(حبيب الله **2000**).

وكما هو الحال في استيعاب المعنى يكون الحال في التذوق الأدبي، الذي يمثل هو الآخر نتاجا من نتاجات تعلم اللغة، ولا يتحقق إلا مع تمكن القارئ من استيعاب النص الأدبي وفهمه، وتفاعله معه تفاعلا عقليا ووجدانيا، وهو مرتبط بالحاجات الجمالية التذوقية التي تحتل مكانة رفيعة في قمة هرم (ماسلو) (توق وعدس،**1990**).

ويعد التذوق أداةً تمكن القارئ من الوقوف على مواطن الجمال الفني في النظم، و تلمس الإبداع فيه، وهو استعداد فطري يمكن تنميته بالاطلاع على كثير من النماذج الأدبية الجميلة ودراستها، ولذلك ليس غريبا التركيز على العناية باختيار النصوص الأدبية التي تقدم للطلبة من أجل تنمية مهارات التذوق الأدبي لديهم (سمك، **1998**).

ويشترك كل من المعلم والنص الأدبي في صقل هذا الاستعداد لدى الطالب، من أجل تطويره وإيصاله إلى درجة معقولة من الدقة والدربة. فقد أكد بيسون (Besson 1999,) أن الغرف الصفية تعد مكانا متميزا للارتقاء بعمليات التذوق الأدبي والإبداع الفني لدى الطلبة، إذا توفر لديهم معلم حاذق يعمل على تزويدهم بنماذج أدبية

منوعة تتناسب ومتطلباتهم النمائية، ويستخدم في تعليمهم طرائق تتيح لهم التفاعل مع النص.

أما أبو مغلي (1999) فقد ذكر أن النصوص الأدبية الجميلة كالقصيدة والمقالة والخاطرة والخطبة تبعث في نفوس الطلبة المتعة والارتياح، وتدربهم على حسن الأداء. ويرى المبارك (2003) أن كثيرا من النصوص الأدبية يتجلى جمالها، ويأتلق إشراقها إذا ما نفذ القارئ بها إلى ما يكمن وراء الكلمات من إيحاءات وظلال شحنت بها تلك الألفاظ عبر تاريخها الطويل.

واهتم الباحثون بمهارات التذوق الأدبي، فقد اعتبر شحاتة (1998) أن تنميتها لدى الطلبة مطلب من مطالب العصر. ووضع طعيمة (1971) مقياسا لتلك المهارات، وحدد له ثلاثة مستويات، لكل مستوى مجموعة من المهارات. فالمستوى الأدنى يشتمل على المهارات العقلية الدنيا، كصياغة عنوان جديد مناسب للنص، واستنباط الأفكار الرئيسة من النص. و المستوى المتوسط يشتمل على تحديد المهارات الجمالية الواردة فيه ومدى مناسبة الألفاظ التي وظفها الأديب للموضوع الذي يتحدث عنه. ويشتمل المستوى الأعلى على تعرف الظروف المحيطة بالنص، وتحسس مشاعر الأديب وانفعالاته، وقدرة القارئ على محاكاته.

والمتتبع لواقع الميدان التربوي يدرك بوضوح بعض المشكلات التي يعانيها طلبة المدارس في تعلم اللغة العربية، ومنها التعثر في مهارات القراءة والاستيعاب والتذوق الأدبي، وهو ينعكس سلبا على نفسياتهم، وعلى تقديرهم لذواتهم، وقد يؤدي بهم إلى الإحساس بالفشل، وربما ترك المدرسة (عبد المجيد، **2000**). وقد يضطرون لإعادة السنة الدراسية، أو يتطلب وضعهم برامج تدريبية إضافية، يحتاج تطبيقها مزيدا من الوقت والجهد والمال، مما يشكل عبئا على أهلهم، وعلى برامج الإعداد والتطوير للمؤسسات التعليمية، ويؤخر نجاح خطط الدولة الرامية إلى تنمية الموارد البشرية وتطويرها (الزيات، **1998**).

وتشير التغذية الراجعة من الميدان التربوي إلى وجود ظواهر سلبية عديدة:

كالقصور في المناهج والمقررات المدرسية، و ضعف الطلبة في توظيف المهارات الأدبية المكتسبة في مواقف الاستعمال اليومي، والفجوة بين مستوى تحصيلهم في نهاية المرحلة الثانوية والمستوى المطلوب في الدراسة الجامعية. وأن التوصيات والمقترحات الصادرة عن المشاريع المختلفة لوزارة التربية والتعليم تدعو إلى إحداث تغيير جذري في مفاهيم التعليم وأساليبه وممارساته، والتحول من الحفظ والاستظهار إلى التأمل والتفكير والتذوق (وزارة التربية والتعليم والشباب، **2002**).

وقد ينظر إلى تعثر الطلبة في ضبط بعض الكلمات الواردة في سياقات على أنه عجز عن استيعاب النص المقروء، وتذوق ما فيه من جماليات ولطائف، نظرا لما بين عمليات الضبط والاستيعاب والتذوق من وشائج، فإذا ما أخفق طالب في ضبط الكلمات ضبطا صحيحا فسدتْ معانيها، ودل ذلك الإخفاق على قصور في استيعاب الطالب لتلك المعاني، وإذا لم يحسن الوقف عند تمام الجمل اضطربت المعاني، وتقطعت أوصالها، ولو كان الطالب على بينة منها لأدرك بداية المعنى ونهايته، فمن شواهد الحالة الأولى الضبط الخطأ لآخر لفظ الجلالة، عند قراءة الآية الكريمة " ﴿ وَمِنَ ٱلنَّاسِ وَٱلدَّوَآبِّ وَٱلْأَنْعَٰمِ مُخْتَلِفٌ أَلْوَٰنُهُۥ كَذَٰلِكَ ۗ إِنَّمَا يَخْشَى ٱللَّهَ مِنْ عِبَادِهِ ٱلْعُلَمَٰٓؤُا۟ ۗ إِنَّ ٱللَّهَ عَزِيزٌ غَفُورٌ ﴿٢٨﴾ ﴾ (فاطر **28**)، ومن شواهد الحالة الثانية الوقوف على آخر لفظة (المصلين) عند قراءة الآية الكريمة ﴿ فَوَيْلٌ لِّلْمُصَلِّينَ ﴿٤﴾ ﴾ (الماعون **4**).

يقول إبراهيم (2006، ص19): " لقد جربت غير مرة اختبار طلاب من بلاد عربية مختلفة، إذ طلبت منهم أن يضبطوا نصا قرائيا مكونا من صفحة واحدة، وكم فزعْت حينما وجدت أن معظم من امتحنوا لم ينجحوا في ذلك الامتحان". إن ما توصل إليه إبراهيم قد يكون عائدا إلى عدم فهم أولئك الطلبة لما يرمي إليه الكاتب من معان؛ فمهارة الضبط الصحيح للنصوص القرائية تعتمد على عوامل مهمة، أبرزها: استيعاب القارئ لمعاني الجمل والتراكيب، وخبرته في قواعد التركيب النحوي، ومعرفته للحركات ودلالاتها ومواطن استعمالها.

وأشارت دراسات عديدة إلى ضعف الطلبة في بعض المهارات اللغوية كالاستيعاب القرائي والتذوق الأدبي، فقد أظهرتْ دراسة موسى (2001) في مصر ضعفا لافتا للنظر في مستويات الاستيعاب القرائي لدى أفراد عينة الدراسة، وأن الذين نجحوا منهم لم يصلوا إلى المستوى المطلوب من النجاح. وذكر الحداد في دراسته (2006) نقلا عن (Paris&Oka,1986) أن (1%) فقط من وقت التدريس يعنى باستراتيجيات الاستيعاب، وأن المعلمين لا يفسرون للطلبة هذه الاستراتيجيات، ولا يقدمون أنفسهم كنوذج للقارئ الاستراتيجي.

وأشارتْ نتائج دراسة (Bimmel & Schooten,2004) إلى تدني مستوى الاستيعاب القرائي لدى الطلبة في عددٍ من دول العالم، من بينها: هولندة وألمانية والولايات المتحدة الأمريكية. وأظهرتْ دراسة (Dixon, Harwis, Megrath,Oneill &Swanson,1999) في مقاطعة إلينوي انخفاضا واضحا في درجات اختبارات الاستيعاب القرائي لدى أفراد عينة الدراسة.

وذكرتْ الظهار في معرض دراستها (2006) أنه على الرغم من دراسة الطالبات مادة البلاغة في المرحلة الثانوية فإنهن غير قادرات على تذوق النصوص الأدبية، وتقديم التحليلات البلاغية لها، مع وجود ملكة التذوق عند القليل منهن، وأشار المعشني (1995) إلى وجود ضعف في مهارات التذوق لدى طلبة الصف الثالث الثانوي العلمي والأدبي، وكشفتْ دراسة عصر(1991) عن وجود انخفاض عام في مستويات تمكن الطلبة من مهارات التذوق الأدبي لدى طلبة الصف الثاني الثانوي. وأظهرتْ دراسة عجيز (1985) أن أفراد العينة الذين طبقتْ عليهم من طلبة الصف الأول الثانوي لم يتمكنوا من اكتساب مهارات التذوق الأدبي، وتوصل طعيمة (1971) إلى أن طلبة المرحلة الثانوية لا يتذوقون الشعر بالمفهوم الحقيقي للتذوق، وأنهم يعانون قصورا في تذوق النواحي الجمالية، وعجزا عن تقسيم النص إلى وحدات نفسية.

وقد عقدتْ ندوات ومؤتمرات عديدة لمناقشة قضايا ضعف الطلبة في مادة اللغة العربية، والمشكلات التي يعانون منها لدى تعلمهم المهارات اللغوية؛ ففي مؤتمر عقد

في مجمع اللغة العربية الأردني بعمان في الفترة مابين 27 - 29 \ 10 \ 2009 تحت شعار (اللغة العربية في المؤسسات الأردنية، واقعها وسبل النهوض بها) نوقشت تسع عشرة ورقة عمل، وقد أظهرتْ معظم تلك الأوراق مدى الحاجة إلى الاهتمام بتعليم اللغة العربية في المدارس والجامعات العربية، والاهتمام بها في وسائل الإعلام المرئية والمسموعة وفي الشبكة العنكبوتية، وتحدث بعض تلك الأوراق عن دراسات أشارتْ إلى وجود ضعف لدى طلبة الدراسات العليا في المهارات اللغوية كالضبط والترقيم والإعراب والتراكيب والتسلسل والترابط في كتابة المقالة الأدبية، ومن أبرز التوصيات التي دعا إليها المؤتمر: سن قانون يحتم على الموظفين اجتياز امتحان للكفاءة في اللغة العربية لدى تعيينهم في الدوائر الحكومية والخاصة، وإعادة النظر في تأهيل معلمي اللغة العربية، ورفع مستوى قسم اللغة العربية في الجامعات الأردنية إلى مستوى كلية لتستوعب المجالات اللغوية كافة، والاهتمام بتعريب التعليم، وخلق ثقافة القراءة لدى الطلبة العرب منذ الطفولة.

وفي ندوة عقدتْ (1997) في جامعة الإمام محمد بن سعود نوقشتْ ظاهرة الضعف اللغوي لدى طلبة كلية اللغة العربية في المرحلة الجامعية. وفي ندوة تعليم اللغة العربية في المرحلة الجامعية التي عقدتْ في قطر(1989) نوقشت مشكلة ضعف مستوى الطلبة في مادة اللغة العربية في المرحلة الجامعية قراءة وكتابة وفهماً وتعبيراً (خاقو، والسبع 2007). وفي التوصيات المنبثقة عن المؤتمر الوطني الأول للتطوير التربوي الذي عقد في عمان يوم 1987/9/6م وردتْ دعوة إلى الربط بين النصوص والتذوق الأدبي السليم، وبين الأدب والبلاغة، وبين القواعد والأدب، بحيث يتم الانسجام والتوازن بين فروع المبحث الواحد (وزارة التربية والتعليم، **1988**).

والباحث - بحكم عمله في الإشراف التربوي- كثيراً ما يلمس مواطن الخلل في المواقف التعلمية التعليمية، ففي حصص القراءة والأداء عادة ما يناقش المعلمون طلبتهم في مضمون ما قرؤوه، أو مضمون ما سمعوه، وعند ذلك تتجلى مشكلة ضعف الطلبة في الاستيعاب والتذوق، ففئة منهم تحجم عن المبادرة لأسباب قد ترجع إلى عدم

الاستيعاب، وقد ترجع إلى عامل الخجل خوفا من الوقوع في الخطأ، وفئة تبادر ولكن إجاباتها تأتي بعيدة عن المطلوب، وقلة قليلة تبرهن على أنها ألمتْ بالمعنى، وإذا ما طلب منهم توظيف بعض المفردات في سياقات أو جمل جديدة كانت جملهم ركيكة ونمطية، ويندر جدا أنْ يستشهد أحدهم بآية قرآنية، أو بيت من الشعر، وإذا ما سئل أحدهم عن أجمل أبيات القصيدة، فإنه غالبا ما يختار أحدها، ولكنه يعجز عن تعليل ذلك الاختيار، وأن الملاحظات التي يدونها المعلمون ونتائج البحوث التي يجرونها على طلبتهم وتوصيات المشرفين التربويين المختصين لا تكاد تخلو من الحديث عن ضعف الطلبة في مهارات القراءة والفهم والاستيعاب والتذوق الأدبي.

ويرى الباحث أن مشكلة ضعف الطلبة في مهارتي الاستيعاب والتذوق الأدبي تتأثر بنوعية النصوص الأدبية، وطريقة نظمها، ومدى ملاءمتها لميول الطلبة، وبقدرتهم على التفاعل معها، واكتشاف العلاقات القائمة بين الكلم فيها، و مما يزيد في تفاقم المشكلة النقص في خبرات بعض المعلمين، والمعالجات اللغوية التي تعلم الطلبة الألفاظ والمعاني والصور الفنية بطريقة مفككة ومجتزأة، وبعيدة عن الروح التي تسري في كيان النص الأدبي. فقد ذكر (المعشني، **1995**) أن تدريس البلاغة بمعزل عن النصوص الأدبية، وبأمثلة متفرقة وبعيدة عن سياقاتها يجعل درس البلاغة جافا، ويحرم الطلبة من ممارسة التطبيق العملي على المسائل البلاغية، ويحد من تنمية مهارات التذوق الأدبي لديهم.

والباحث يرى أن اقتصار بعض المعلمين والدارسين على تحديد ما في النص الأدبي من قضايا بلاغية كالتشبيهات والاستعارات والكنايات ليس كافياً لتنمية مهارات التذوق الأدبي، لأنه لا يبحث في العلاقات، ولا يتعامل مع الصورة الكلية، ولا يفاضل بين الكلمات والصياغات والصور، ولا يكشف أسرار الجمال فيها، ولا يستوحي ما تبعثه في النفس من تأثر وانفعال، ولا يثير التساؤلات حول استخدام الأديب للفظة معينة دون أخرى، ولا يصل القارئ بما تفيض به نفس الأديب من انفعالات وهواجس.

فالكلمات التي يتخذها الأديب مادة أولية لبناء عمله الأدبي تكون مشحونة بتجربته الأدبية والشخصية، والحياة لا تكتب لهذه الكلمات بوصفها مفردات مجردة، وإنما تكتب لها بناءً على وجودها في أنساق لغوية، وكان عبد القاهر الجرجاني قد تنبه لهذه القضية، عندما جرد الكلمة المفردة من كل قيمة تستند إلى معناها المعجمي، وعمل على تقدير قيمتها التعبيرية تبعا لموقعها في سياق الكلام (الجرجاني، **2005**)، وهو بذلك يستند إلى نظرية في اللغة، تماشي ما وصل إليه علم اللسان الحديث من آراء، فقد قرر ما يقرره علماء اليوم من أن اللغة ليست مجموعة من الألفاظ، بل مجموعة من العلاقات systeme des rapports (مندور،**1993**).

وهذا رأي يوافقه فيه كل من: (فيرث) و (سوسيير) اللذين يقوم منهجهما البنيوي على تكريس الطابع الاجتماعي للغة، ودراسة العلاقات بين الأشياء لا الأشياء ذاتها (حسان،1984). و(برتراند راسل) الذي يعزو الفضل في الجمل المفيدة لترتيب المفردات، وفلاسفة (أكسفورد) الذين يرون أن معنى الكلمة يكمن في استعمالها، (درويش **2004**).

وينظر (حسان) المشار إليه في (حبلص 1993) إلى السياق من ناحيتين أولاهما: توالي العناصر التي يتحقق بها التركيب والنظم، ويسمى في هذه الحالة سياق النص، وثانيهما: توالي الأحداث التي صاحبت الأداء اللغوي وكانت ذات علاقة بالاتصال، ويسمى في هذه الحالة بسياق الموقف.

ويرى (ستيفن أولمان) المشار إليه في (الداية1985) أن نظرية السياق تمثل حجر الأساس فى علم المعنى، وقد قادت إلى مجموعة من النتائج، أهمها: أنها قدمتْ وسائل فنية حديثة لتحديد معاني الكلمات، لأن الكلمات تحتاج إلى بعض الإيضاح المستمد من السياق الحقيقي، سواء أكان هذا السياق لفظيا أم غير لفظي، فالحقائق الإضافية المستمدة من السياق تحدد الصور الأسلوبية للكلمة، كما تعد ضرورية في تفسير المشترك اللفظي، ووسع " أولمان " مفهوم السياق ليشمل سياق النص بأكمله.

ويعد مصطلح السياق في الدراسات اللغوية الحديثة من المصطلحات العصية على التحديد الدقيق، وإن كان يمثل نظرية دلالية من أكثر نظريات علم الدلالة تماسكاً، وأضبطها منهجا، وقد أشار العلماء إلى أهمية السياق أو المقام، وتطلبه مقالا مخصوصا يتلاءم معه، فقالوا: " لكل مقامٍ مقال (محمد، 1999). وتحدث البلاغيون منهم عن سياق الحال، وسموه مطابقة الكلام للمقام، فبلاغة الكلام في نظرهم تكمن في مدى مطابقته لمقتضى الحال مع فصاحته، ومقتضى الحال مختلف، ومقامات الكلام متفاوتة، ولكل كلمة مع صاحبتها مقام، وارتفاع شأن الكلام في الحسْن والقبول مرهون بمطابقته للاعتبار المناسب (القزويني، 1991). وتتركز أهمية سياق الحال أو المقام في الدرس الدلالي في فوائد منها: الوقوف على المعنى، وتحديد دلالة الكلمات، وإفادة التخصيص، ودفع توهم الحصر، ورد المفهوم الخطأ، وغيرها (ابن جني، 1999).

والقيمة الذاتية للفظ تكتسب أهميتها من اتساقها وتواؤمها مع سائر الألفاظ، فتكسب الكلام نغما تهش له النفوس، فوضْع الكلمة موْضعها بين الألفاظ يكسبها مزية الحسن، واختلال هذا الموضع يكسبها سمة القبْح، وعدم انسجام الألفاظ في السياق الذي نظمتْ فيه يفقدها توافقها النغمي، فيحس السامع وكأن بعضها يتبرأ من بعض، وكان من شدة عناية العرب في نظْم ألفاظهم أنْ عدوا الشعر ضرْبا من الصناعة (هلال، 1980).

والقيمة الجمالية للعبارة الأدبية تتأتى من حسْن انتظام الكلمات فيها، وذلك الانتظام يجعل بعض الكلمات أساسيةً أو مفتاحية في مكان، ولا يجعلها كذلك في مكان آخر، وهو الذي يجعل بعض الألفاظ سلسة مأنوسة، ومتمكنة في سياق، ويظهرها غريبة وحشية، وقلقة في سياق آخر، وليس الغرض من نظْم الكلم أنْ تتوالى ألفاظه في النطْق، بل أنْ تتناسق دلالاته، وتتلاقى معانيه على الوجه الذي يقتضيه العقل (الجرجاني، 1961).

لقد تحدث الجرجاني في كتابيه: " دلائل الإعجاز " و " أسرار البلاغة " عن العلاقة بين اللفظ و المعنى، وعن التصوير الفني، والتذوق الأدبي، و التأثير النفسي،

وربطها بنظرية النظم بهدف الوصول إلى معرفة الإعجاز، وقد وفق فيما سعى إليه، ونفع الدراسات الأدبية بنظريته (مطلوب، 1973).

والباحث يرى أنه باستخدام نظرية الجرجاني في النظم يمكن إيجاد بعض الحلول لمشكلات الضعف في مهارات الاستيعاب والتذوق الأدبي، لذلك تأتي هذه الدراسة لتقدم برنامجا تعليميا يستند إلى نظرية النظم، ويهتم بالصياغة اللغوية والتركيب النحوي، وتجريد الكلمة المفردة من كل قيمة تستند إلى معناها المعجمي، والاستعاضة عن ذلك بتقدير قيمتها التعبيرية تبعا لموقعها في سياق الكلام، وهو يأمل في أن يساعد هذا البرنامج في حل مشكلة الضعف في استيعاب المعنى والتذوق الأدبي لدى أفراد الدراسة.

الأسئلة:

حاولت هذه الدراسة الإجابة عن الأسئلة الآتية:

1- هل هناك اختلاف في تنمية مهارات استيعاب المعنى لدى طلبة المرحلة الثانوية في دولة الإمارات العربية المتحدة يعزى إلى نوع البرنامج (البرنامج القائم على نظرية النظم والبرنامج الاعتيادي)؟.

2- هل هناك أثر للتفاعل بين البرنامج القائم على نظرية النظم، والجنس في تنمية مهارات استيعاب المعنى لدى طلبة المرحلة الثانوية في دولة الإمارات العربية المتحدة؟.

3- هل هناك اختلاف في تنمية مهارات التذوق الأدبي لدى طلبة المرحلة الثانوية في دولة الإمارات العربية المتحدة يعزى إلى نوع البرنامج (البرنامج القائم على نظرية النظم والبرنامج الاعتيادي)؟.

4- هل هناك أثر للتفاعل بين البرنامج القائم على نظرية النظم، والجنس في تنمية مهارات التذوق الأدبي لدى طلبة المرحلة الثانوية في دولة الإمارات العربية المتحدة؟.

الفرضيات:

وللإجابة عن أسئلة الدراسة صيغت الفرضيات الآتية:

1- لا يوجد فرق ذو دلالة إحصائية عند مستوى ($\alpha = 0.05$) في تنمية مهارات استيعاب المعنى بين متوسطي درجات الطلبة الذين تعلموا بالبرنامج التعليمي القائم على نظرية النظم وأقرانهم الذين تعلموا بالبرنامج الاعتيادي.

2- لا يوجد فرق ذو دلالة إحصائية عند مستوى ($\alpha = 0.05$) في تنمية مهارات استيعاب المعنى يعزى إلى تفاعل الجنس والبرنامج (البرنامج التعليمي القائم على نظرية النظم والبرنامج الاعتيادي).

3- لا يوجد فرق ذو دلالة إحصائية عند مستوى ($\alpha = 0.05$) في تنمية مهارات التذوق الأدبي بين متوسطي الطلبة الذين تعلموا بالبرنامج التعليمي القائم على نظرية النظم و أقرانهم الذين تعلموا بالبرنامج الاعتيادي.

4- لا يوجد فرق ذو دلالة إحصائية عند مستوى ($\alpha = 0.05$) في تنمية مهارات التذوق الأدبي يعزى إلى تفاعل الجنس والبرنامج (البرنامج التعليمي القائم على نظرية النظم و البرنامج الاعتيادي).

أهمية الدراسة:

تعود أهمية هذه الدراسة إلى اعتمادها برنامجا تعليميا يستند إلى نظرية النظم للجرجاني، ومحاولة تعرف أثره في معالجة ضعف طلبة المرحلة الثانوية في استيعاب المعنى والتذوق الأدبي. وينتظر منها:

- مساعدة معلمي اللغة العربية والمشرفين التربويين في معالجة مشكلة ضعف الطلبة في مهارتي استيعاب المعنى والتذوق الأدبي.
- مساعدة واضعي المناهج والكتب المدرسية في وزارة التربية والتعليم على اختيار مواد تعليمية يسهل على الطلبة استيعابها وتذوق الجوانب الجمالية فيها.

- تطوير أدوات جديدة يمكن أن يفيد منها الباحثون التربويون في المستقبل.

محددات الدراسة:

تم تطبيق الدراسة الحالية في خمس عشرة حصة درسية، مدة كل منها ستون دقيقة، واقتصرت على:

1. عينة من طلبة الصف العاشر من حلقة التعليم الثانوي في المدارس التابعة لمنطقة الشارقة التعليمية في دولة الإمارات العربية المتحدة، لأن هذا الصف يمثل بداية حلقة التعليم الثانوي، ومنهاج اللغة العربية فيه منهاج جديد مطور، ويجري تطبيقه للمرة الأولى في العام الدراسي 2007/2006، وبذلك يصعب تعميم النتائج على الطلبة خارج عينة الدراسة.
2. مادة الأدب في كتاب المعارف الأدبية المقرر للصف العاشر في دولة الإمارات العربية المتحدة للعام الدراسي 2007/2006، وقد يصعب تعميم نتائجها على موضوعات أخرى.

التعريفات الإجرائية:

البرنامج التعليمي القائم على نظرية النظم:

مجموعة من النشاطات والخبرات التعليمية والتقويمية المخطط لها والهادفة والمتسلسلة، أعدها الباحث وفقا لنظرية النظم عند الجرجاني، وتقوم على تعلق الكلم بعضه ببعض، ووضعه الموضع الذي يقتضيه التركيب النحوي، وتقدير معنى الكلمة تبعا لموقعها في سياق الكلام، وقدمتْ هذه النشاطات على شكل وحدات منظمة، تضمنت الأهداف والمحتوى، وطرائق التدريس والتقويم، وكان الهدف من ورائها إكساب طلبة الصف العاشر في دولة الإمارات العربية المتحدة القدرة على استيعاب المعنى والتذوق الأدبي في مادة المعارف الأدبية.

البرنامج الاعتيادي:

مجموعة من النشاطات والخبرات التعليمية والتقويمية الهادفة التي يستخدمها المعلمون في تعليم مهارات استيعاب المعنى والتذوق الأدبي لطلبة الصف العاشر، والمحددة في دليل المعلم.

استيعاب المعنى:

قدرة طلبة الصف العاشر على فهم المعاني الظاهرة والضمنية، وتوظيف السياق في ضبط الكلمات وتحديد معانيها، وتحليل النصوص وتعرف تفاصيل الأحداث، وإدراك العلاقة بين النتائج والأسباب، واكتشاف العلاقات القائمة بين التركيب النحوي والمعنى، والتفريق بين الأساليب، وبين الحقائق والآراء، وقيس بالعلامة التي حصل عليها الطالب عند إجابته عن فقرات اختبار استيعاب المعنى الذي أعده الباحث على مستويات الاستيعاب: الحرفي والاستنتاجي والناقد.

التذوق الأدبي:

قدرة طلبة الصف العاشر على تحليل النصوص الأدبية، وتحديد مواطن القوة والضعف فيها، وتحليل الصور البلاغية، وتحديد عناصرها ومواطن الجمال فيها، وتعرف أساليب النظم الأدبي وتعليلها، والمفاضلة بين العبارات والتراكيب، وتعليل الحكم عليها، وتعرف أحاسيس الأدباء وانفعالاتهم ومدى قدراتهم على نقلها للقراء، وتعرف اتجاهاتهم نحو القضايا التي يكتبون عنها، وإبداء الرأي فيها، و التعليق عليها بعبارات أدبية جميلة. وقيس بالعلامة التي حصل عليها الطالب عند إجابته عن فقرات اختبار التذوق الأدبي الذي أعده الباحث.

الفصل الثاني

الإطار النظري والدراسات السابقة ذات الصلة

الفصل الثاني

الإطار النظري والدراسات السابقة ذات الصلة

أولا: الإطار النظري:

النظم يعني التأليف وضم أجزاء الشيء إلى بعضها، يقال: نظم فلانٌ اللؤلؤ أي جمعه في السلك، ونظم الأديب الألفاظ أي سبكها، وضم بعضها إلى بعض في تأليف دقيق بينها وبين المعاني، فيجريان معاً في سلاسة وعذوبة من غير تعثر أو كلفة (سلام 1388هـ). ولعل أقْدم إشارة للنظم ما أورده ابن المقفع في (الأدب الكبير): " إذا قال أحد الناس قولا بديعا، أو أجري على لسانه كلام يستحسنه أو يستحسن منه فإنه ليس زائدا على أن يكون كصاحب فصوص وجد ياقوتا وزبرجدا ومرجانا، فنظمه قلائد وسموطا وأكاليل، ووضع كل فص في موضعه، وجمع إلى كل لون شبهه، فسمي بذلك صانعا رفيقا " (مطلوب 1973 ص 53).

والفصاحة لا تظهر في إفراد الكلام، وإنما تظهر بضمه على طريقة مخصوصة، تكون لكل كلمة فيها صفة، وقد تكون هذه الصفة بالمواضعة التي تتناول الضم، وقد تكون بالإعراب، وقد تكون بالموقع، وعلى هذا الأساس يكون التفاضل بين الكلم (الأسد آبادي 1385هـ). ويرى عبد القاهر الجرجاني أن النظم ليس إلا تعلق الكلم بعضه برقاب بعض، وجعل بعضها بسبب من بعض، وفق ما يقتضيه علم النحو، يقول: " اعلم أن ليس النظم إلا أن تضع كلامك الوضع الذي يقتضيه علم النحو، وتعمل على قوانينه وأصوله، وتعرف مناهجه التي نهجتْ، فلا تزيغ عنها، وتحفظ الرسوم التي رسمتْ لك فلا تخل بشيء منها " (الجرجاني،2005،ص76)، فإذا قيل: إن تعليق الكلمات بعضها ببعض يسمى من الناحية اللغوية نظما لم يكن ذلك القول مجافيا للواقع.

وتعد نظرية النظم منهجا تحليليا، يعمل على كشف خصائص النص الأدبي بالبحث العميق، والاستقصاء الدقيق، وتتيح للقارئ التغلغل في أعماق النص، وإدراك العلاقات بين الألفاظ، وعدم الاكتفاء بالوقوف عند ظواهر اللفظ (طبانة،1381هـ).

ويتفق الباحث مع ما ذهب إليه كل من الظهار (1996) والصاوي (1982) في أن منهج الجرجاني في نقد النص الأدبي يقوم على دعامتين، هما: التحليل الاستقصائي، والذوق الموضوعي، ويهتم بالعلاقات المتداخلة بين المعاني، ومجاله العلائق الروحية والحسية الواصلة بين المعاني والألفاظ.

والمتأمل للمدى الذي امتدت إليه يد الممارسة التذوقية التحليلية بعد الجرجاني يلمس شيئاً من عناية النقاد بنظرية النظم، والاسترشاد بها لدى قراءتهم نصا أدبيا كاملا قراءة تذوقية تحليلية، وهذا ما يجعل بعضهم ينظر إليها كممثلة للفكر البلاغي العربي، فيراها واقعاً في نسيج الإبداع الشعري، فالأساس عندهم هو تحليل النص وتذوقه، وليس شرح النظرية نفسها، لأن تحليل النص وتذوقه هو السبيل المؤدي إلى كشف كثير من دقائق تلك النظرية ولطائفها(مراد، 1983).

أسس نظرية النظم:

عنى الجرجاني بالنظم تأليف الكلام وفقاً لأبواب النحو المختلفة، واعتبر أن الكلمات تتوالى في النطق بحسب توالي معانيها في النفس، وأنها لا تتفاضل من حيث كوْنها كلماً مجردة، وإنما من حيث مدى ملاءمة معنى كل واحدة منها لمعنى جارتها؛ وقد بنى نظريتة على ثلاثة أسس، هي:

- أولا: ترتيب المعاني في الذهن، ومن ثم تواليها في النطق، فهذا الأساس يخرج النظرية من كونها عملية آلية إلى كونها عملية نفسية وعقلية، يرتبط فيها الإحساس بالعقل والتفكير، فالأديب حين يرتب معانيه في نفسه ويخرجها للمستمعين في أبنية وتراكيب، تخرج مسبوكة فتظهر فيها صناعته وصياغته، فإنْ أحسن ترتيب المعاني في نفسه أحسن خروجها ونطقها، فإنما الألفاظ على

أقدار المعاني، لذلك يفرق الجرجاني بين مصطلحي الحروف المنظومة والكلم المنظومة، فنظم الحروف هو تواليها في النطق، من غير أن يكون هناك معنى ينتج عن هذا التوالي، أما نظم الكلم فيعتمد على ترتيب المعاني في الذهن، فمن غير المنطقي أنْ يستخدم الناظم كلمة دون أنْ يعرف معناها، وانتظام المعاني في الذهن إنما يكون وفق ما يقتضيه العقل، فهو الذي يقرر أن يسبق أحدها الآخر، أو يتأخر أحدها عن الآخر، وهذا أمر يتطلب من الناقد والقارئ بوجه عام قدرا من الدقة وإمعان النظر، لاستجلاء غوامض النص الأدبي (العشماوي، **1994**).

- ثانيا: مراعاة السياق والموقع في التأليف، فالكلمة لا تعطي معنى إلا إذا وضعت في سياق لغوي، ففي قوله تعالى: ﴿ وَقِيلَ يَٰٓأَرۡضُ ٱبۡلَعِي مَآءَكِ وَيَٰسَمَآءُ أَقۡلِعِي وَغِيضَ ٱلۡمَآءُ وَقُضِيَ ٱلۡأَمۡرُ وَٱسۡتَوَتۡ عَلَى ٱلۡجُودِيِّۖ وَقِيلَ بُعۡدٗا لِّلۡقَوۡمِ ٱلظَّٰلِمِينَ ﴿٤٤﴾ ﴾ (هود **44**)، ففي هذه الآية الكريمة اتساق عجيب، ترجع المزية إلى ارتباط الكلم بعضها ببعض، فقد نوديت الأرض بالياء من دون غيرها، ثم أمرت، وأضيف الماء إلى الكاف، ثم أتْبع نداء الأرض وأمرها بنداء السماء وأمرها، وجيء بالفعل (غيض) مبنيا للمجهول ليدل على أن الماء لم يغضْ إلا بأمر آمر، وقدرة قادر، وتم تأكيد ذلك بقوله تعالى" وقضي الأمر" ثم ذكر فائدة هذه الأمور جميعا وهي: (استوتْ على الجودي) بإضمار فاعل (استوت) كشرطٍ للتفخيم وعظم الشأن، ثم المقابلة بين (قيل) في أول الآية و(قيل) في نهايتها.

والفصاحة من وجهة نظر الجرجاني سمة لا تتميز بها الكلمة بمفردها ، وإنما بانضوائها في تأليف معين، فإذا قيل في كلمة (اشتعل) من قوله تعالى: ﴿ قَالَ رَبِّ إِنِّي وَهَنَ ٱلۡعَظۡمُ مِنِّي وَٱشۡتَعَلَ ٱلرَّأۡسُ شَيۡبٗا وَلَمۡ أَكُنۢ بِدُعَآئِكَ رَبِّ شَقِيّٗا ﴿٤﴾ ﴾ (مريم، **4**) إنها في أعلى المرتبة من الفصاحة، لم تجبْ تلك الفصاحة لها وحدها، ولكن موصولا بها الرأس معرفا بالألف واللام، ومقرونا إليهما الشيب منكرا منصوبا. والقارئ إذا قرأ الآية الكريمة فإنه لا يجد الفصاحة التي يجدها إلا

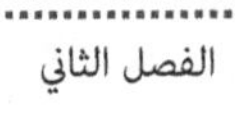

بعد أن ينتهي الكلام إلى آخره، فلو كانت الفصاحة صفة لكلمة (اشتعل) لكان ينبغي أن يحسها القارئ فيها حال النطق بها (الجرجاني، **1961**).

- ثالثا: توخي معاني النحو، ويقوم هذا الأساس على بيان الكيفية التي تتم بها عملية الربط والتعلق بين الكلم، فالكلم ثلاث: اسم وفعل وحرف، وللتعلق فيما بينها طرق معلومة، لا تعدو ثلاثة أقسام: تعلق اسم باسم، كأنْ يكون أحد الاسمين خبرا أو حالا أو تابعا، أو أن يكون أحدهما مضافا والآخر مضافا إليه. وتعلق اسم بفعل، كأنْ يكون الاسم فاعلا أو مفعولا أو منزلا من الفعل منزلة المفعول. وتعلق حرف بالاسم والفعل، كتعلق حروف الجر والعطف والنفي والاستفهام وغيرها.

والناظم لا يبتغي شيئا بنظمه غير أن ينظر في أبواب النحو: كالخبر على نحو: (زيد منطلق) و (زيد ينطلق) والشرط على نحو: (إن تخرج أخرج) أو (إن تخرج فأنا خارج) والحال على نحو: (جاء زيد مسرعا) و (جاء زيد وهو يسرع) وغيرها، فيعرف لكل من ذلك موضعه، ويجيء به حيث ينبغي له، وينظر في الحروف التي تشترك في معنى، ثم ينفرد كل واحد منها بخصوصية في ذلك المعنى، فيضع كلا من ذلك في خاص معناه، كأنْ يجيء ب (ما) في نفي الحال و ب (لا) إذا أراد نفي الاستقبال، وينظر في الجمل التي تسرد، فيعرف موضع الفصل فيها من موضع الوصل، وما حقه الوصل موضع (الواو) من موضع (الفاء) من موضع (ثم) وموضع (أو) من موضع (أم) وموضع (لكن) من موضع (بل)، ويتصرف في التعريف والتنكير، والتقديم والتأخير، والحذف والتكرار، والإضمار والإظهار، فيصيب بكل من ذلك مكانه، ويستعمله على الصحة، وعلى ما ينبغي له (الظهار، **2006**).

واهتم نحاة العرب بالنظم، فتناولوا الجملة وما يعتريها من تقديم وتأخير، وذكر وحذف، و فصل ووصل؛ فابن قتيبة المتوفى (276 هـ) يرى أن النظم عبارة عن سبك الألفاظ وضم بعضها إلى بعض في نظام دقيق يؤلف بينها وبين المعاني دون تعثر أو كلفة. وأبو سليمان أحمد بن محمد الخطابي المتوفى (388هـ) يرى أن القرآن صار معجزا لأنه

جاء بأحسن نظوم التأليف، متضمنا أصح المعاني، وهو بهذا الرأي يؤمن بأن اللفظ والمعنى لا يفترقان، لأن كل لفظ مقترن بمعنى خاص في ذهن قائله. وقد تعد آراء الخطابي هذا تمهيدا لنظرية النظم التي انتبه إليها من بعده القاضي أبو الحسن عبد الجبار المتوفى (415 هـ)، وأكدها عبد القاهر في دلائل الإعجاز (مراد،1983).

أما أبوهلال العسكري المتوفى (395 هـ) فيرى: أن من حسن الرصف أن توضع الألفاظ في مواضعها، وتمكن في أماكنها، ولا يستعمل فيها التقديم والتأخير والحذف والزيادة إلا بشكل لا يفسد الكلام ولا يعمي المعنى، وأن المعنى لا يزداد وضوحا وجمالا إلا إذا انتظمت انتظام حبات اللؤلؤ في عقد فريد (العسكري،1981). و قد وجدت آراء العسكري صداها في دراسات ابن سنان الخفاجي، والقزويني، وكان هدفها إبراز مكانة الأسلوب القرآني من اللسان العربي، و الكشف عن مآثره في التذوق الأدبي.

فنون النظم:

الإسناد:

يكون المسند فعلا أو اسما، وقد يتقدم المسند المسند إليه، وقد يتأخر عنه، وقد يفصل بينهما بفاصل، فالمبتدأ لم يكن مبتدأ لأنه منطوق به أولا، ولا كان الخبر خبرا لأنه مذكور بعد المبتدأ، بل كان المبتدأ مبتدأ لأنه مسندٌ إليه ومثبت له المعنى، والخبر خبرا لأنه مسند ومثبت به المعنى، فإذا قلت: (زيد منطلق) فقد أثبت الانطلاق لزيد، وأسندته إليه، (فزيدٌ) مثبت له، و(منطلق) مثبت به، ولو كان المبتدأ مبتدأ لأنه في اللفظ مقدم مبدوء به لكان ينبغي أن يخرج عن كونه مبتدأ حين يقال: منطلق زيد (الجرجاني، 2005).

ومن أحوال المسند إليه أنه يمكن ذكره وحذفه وتعريفه وتنكيره ووصفه وتخصيصه وقصره وتقديمه على المسند وتأخيره عنه حسب المقتضيات اللغوية، ويرى عبد القاهر أن لحذف المسند إليه أسبابا وضرورات، كأن يحذف عند تعيينه وقيام قرينة تدل عليه، وفي هذه الحالة يكون حذفه أبلغ من ذكره (القزويني،1991)، ومثال ذلك:

حذف المفعول به من (لو شئت لأتيت)، وأصل الكلام (لو شئت الإتيان لأتيت). والصورة الشائعة في النظام اللغوي العربي أن يتقدم المسند المسند إليه في الجملة الفعلية، كما في قوله تعالى: ﴿يُرِيدُ ٱللَّهُ بِكُمُ ٱلْيُسْرَ وَلَا يُرِيدُ بِكُمُ ٱلْعُسْرَ﴾ (البقرة، 185) فإذا تقدم المسند إليه المسند كما في قوله تعالى: ﴿وَٱللَّهُ يَدْعُوٓا۟ إِلَىٰ دَارِ ٱلسَّلَٰمِ وَيَهْدِى مَن يَشَآءُ إِلَىٰ صِرَٰطٍ مُّسْتَقِيمٍ ﴿٢٥﴾﴾ (يونس، 25) كانت الجملة اسمية (مراد،1983).

التقديم والتأخير:

يكون لعلل لغوية يقتضيها ترتيب معاني الكلام في ذهن قائله، وكل صورة من صور التقديم والتأخير تدل على معنى معين، وتصور صورة ذهنية لا تتعداها إلى غيرها، وقد تحدث الجرجاني عن نماذج مختلفة من التقديم والتأخير،منها:

- تقديم على نية التأخير، وذلك في كل شيء أقررته مع التقديم على حكمه الذي كان عليه، وفي جنسه الذي كان فيه، كخبر المبتدأ إذا قدمته على المبتدأ كقولك: منطلق زيد، والمفعول به إذا قدمته على الفاعل، كقولك: ضرب عمراً زيدٌ.
- تقديم لا على نية التأخير، ولكن على أن تنقل الشيء عن حكم إلى حكم، وتجعل له بابا غير بابه، وإعرابا غير إعرابه، كأن تجيء إلى اسمين يحتمل كل واحد منهما أن يكون مبتدأ ويكون الآخر خبرا له، فتقدم تارة هذا على ذاك، وأخرى ذاك على هذا. ومن حالاته: زيدٌ المنطلق، و المنطلق زيدٌ، فأنت لم تقدم المنطلق على أن يكون متروكا على حكمه الذي كان عليه مع التأخير، فيكون خبر مبتدأ كما كان، بل على أن تنقله عن كونه خبرا إلى كونه مبتدأ، وكذلك لم تؤخر زيدا على أن يكون مبتدأ كما كان، بل على أن تخرجه عن كونه مبتدأ إلى كونه خبراً (الجرجاني،2005 ص 94).

الحذف:

هو ميدان دقيق المسلك، لطيف المأخذ، عجيب الأمر، شبيه بالسحر، يكون فيه ترك الذكر أفصح من الذكر والصمت عن الإفادة أزيد للإفادة، شريطة وجود قرينة تدل على المحذوف، وله أسباب متعددة، منها: الاختصار والاحتراز بترك ما لا ضرورة له (عتيق،1970). ومن أمثلته قول عبيد بن الأبرص: ديارهم إذ هم جميعٌ فأصبحت بسابس إلا الوحش في البلد الخالي

ففيه حذف الشاعر خبر المبتدأ (عامرةٌ)؛ لوجود ما يدل عليها من السياق، وتقدير الكلام: (ديارهم عامرة إذ هم جميع).

الوصل والفصل:

الوصل عطف الجمل بعضها على بعض، والفصل تركه، والجمل المعطوف بعضها على بعض ضربان: أحدهما أن يكون للجملة المعطوف عليها موضع من الإعراب، فإن قال قائل: (مررت بمدينةٍ مبانيها عالية وشوارعها نظيفة) فإنه يشرك الجملة الثانية (شوارعها نظيفة) في حكم الجملة الأولى (مبانيها عالية)، وذلك الحكم كونها في موضع جرٍ بأنها صفة للنكرة. والضرب الآخر عطف جملة على جملة لا محل لها من الإعراب، فإذا قيل: (زيد قائم وعمرو قاعد) فإن الجملة الأولى ابتدائية لا محل لها من الإعراب، ولا يرى بينهما حكم يزعم به أن (الواو) جاءت للجمع بين الجملتين فيه، فإنه لا يكون حكم بينهما حتى يكون عمرو بسبب من زيد، وبحيث إذا عرف السامع حال الأول عناه أن يعرف حال الثاني (الجرجاني، 1961). وللفصل بين الجمل أسباب، منها:

- كمال الاتصال، كأن تكون الجملة الثانية متممة لمعنى الجملة الأولى أو مؤكدة له توكيدا معنويا أو لفظيا، كقوله تعالى: ﴿ ذَٰلِكَ ٱلْكِتَٰبُ لَا رَيْبَ فِيهِ هُدًى لِّلْمُتَّقِينَ ﴾ (البقرة،2). أو أن تكون الثانية بدلا من الأولى، والمقتضي للإبدال كون الأولى غير وافية بتمام المراد، بخلاف الثانية، ومن الأمثلة عليه قوله تعالى: ﴿ وَٱتَّقُوا۟ ٱلَّذِىٓ أَمَدَّكُم بِمَا تَعْلَمُونَ ﴿١٣٢﴾ أَمَدَّكُم بِأَنْعَٰمٍ وَبَنِينَ ﴿١٣٣﴾ وَجَنَّٰتٍ وَعُيُونٍ ﴿١٣٤﴾ ﴾ (الشعراء،132- 134).

- كمال الانقطاع، كقول بعض الشعراء:

زعم العواذل أنني في غمرة صدقوا، ولكن غمرتي لا تنجلي

فالمعنى يفترض أن أحد السامعين يبادر لسؤال الشاعر قائلا: هذا زعم العاذلين، فما قولك أنت في زعمهم؟ فيرد الشاعر بقوله: صدقوا، ولكن غمرتي لا تنجلي. ولو أنه قال: (زعم العواذل أنني في غمرة وصدقوا) لما جعل كلامه عرضة للتساؤل، وهذا ما يقرره عبد القاهر بقوله: إذا جاءت الجملة عقب ما يقتضي سؤالا فصلت عن سابقتها (عتيق،1970).

القصر والاختصاص:

هو تخصيص شيء بآخر، وله ركنان، هما: المقصور والمقصور عليه، وهو نوعان:

- قصر صفة على موصوف،مثل: ما زيدٌ إلا قائمٌ، ومعناه اختصاص القيام من بين الأوصاف التي يتوهم كون زيد عليها بجعله صفة له، ونفي ما عدا القيام عنه.

- قصر موصوف على صفة،مثل: ما قائمٌ إلا زيدٌ، ومعناه أن زيدا اختص بكونه موصوفا بالقيام في مجلسه، وهذا لا يعني أن ليس في الدنيا قائم سواه (ضيف،1965).

ويقع القصر بأساليب عديدة، منها:

- القصر بالنفي والاستثناء، وفيه يقع المقصور عليه بعد أداة الاستثناء، ومثله قول الله تعالى: ﴿ وَمَا مُحَمَّدٌ إِلَّا رَسُولٌ قَدْ خَلَتْ مِن قَبْلِهِ الرُّسُلُ ۚ أَفَإِين مَّاتَ أَوْ قُتِلَ انقَلَبْتُمْ عَلَىٰ أَعْقَابِكُمْ ۚ وَمَن يَنقَلِبْ عَلَىٰ عَقِبَيْهِ فَلَن يَضُرَّ اللَّهَ شَيْئًا ۗ وَسَيَجْزِي اللَّهُ الشَّاكِرِينَ ﴿١٤٤﴾ ﴾ (آل عمران، 144)، ففي هذه الآية الكريمة وقعت لفظة (رسول) وهي المقصور عليه بعد أداة الاستثناء (إلا).

- القصر بإنما، وفيه يتأخر المقصور عليه عن المقصور، ومثله قول الله تعالى: ﴿ وَمِنَ النَّاسِ وَالدَّوَابِّ وَالْأَنْعَامِ مُخْتَلِفٌ أَلْوَانُهُ كَذَٰلِكَ ۗ إِنَّمَا يَخْشَى اللَّهَ مِنْ عِبَادِهِ الْعُلَمَاءُ ۗ إِنَّ اللَّهَ عَزِيزٌ غَفُورٌ ﴿٢٨﴾ ﴾ (فاطر، 28)، فلفظة (العلماء) وهي المقصور عليه قد تأخرت عن الخشية وهي المقصور (الجرجاني، 2005 ص 251).

بين اللفظ والمعنى:

آمن عبد القاهر الجرجاني بنظرية النظم القائمة على حسن الصياغة وتوخي معاني النحو، وأدرك سر العلاقة بين اللفظ ومعناه، وسوى بين خصائصهما، وعمل على إنهاء فكرة الفصل بينهما، التي شغلت بال من سبقوه من النقاد واللغويين سنين طويلة، فالأديب حينما ينشئ عملا أدبيا لا يفكر بالألفاظ ولا يطلبها، بل يطلب المعنى، فتأتيه الألفاظ حسبما طلبه من معان، والحياة لا تكتب لهذه الألفاظ بوصفها مفردات مجردة، وإنما تكتب لها بناء على وجودها في أنساق لغوية (العشماوي، **1994**). ولو أننا أخذنا بيتا من الشعر وأبطلنا فيه نظام الكلمات الذي بنيت عليه، لأخرجنا البناء اللغوي من كمال البيان إلى ضرب من الهذيان. (عرفة، **1983**).

ومن هذا المنطلق لم يرض الجرجاني بالمفاضلة بين الكلمات مفردةً، لأن التفاضل لا يكون إلا في مدى ملاءمة معنى الكلمة لمعنى جارتها، وهو يتساءل: " هل تتفاضل الكلمتان المفردتان من غير أن ينظر إلى موقع كل منهما من التأليف والنظم؟ فتكون هذه مستعملة مألوفة، وتلك مهجورة غريبة، وهل هناك من يقول: هذه اللفظة فصيحة إلا وهو يأخذ في الاعتبار مكانها من النظم وحسن ملاءمة معناها لمعاني جاراتها؟ وهل قالوا: لفظة متمكنة ومقبولة، أو قلقة ونابية إلا وغرضهم أن يعبروا بالتمكن عن حسن الاتفاق بين هذه وتلك من جهة معناهما، وبالقلق والنبو عن سوء التلاؤم بينهما " (الجرجاني، **2005** ص **51**).

وقد يرى القارئ الكلمة تروقه وتؤنسه في موضع، ثم يراها عينها فتثقل عليه وتوحشه في موضع آخر، ومثل ذلك كلمة (الأخدع) في بيت الصمة بن عبد الله:

(تلفت نحو الحي حتى وجدتني وجعت من الإصغاء ليتا وأخدعا)

وفي بيت البحتري:

(وإني وإن بلغتني شرف الغنى وأعتقت من رق المطامع أخدعي)

وفي بيت أبي تمام:

(يا دهر قوم من أخدعيك فقد   أضجعت هذا الأنام من خرقك)

فهذه الكلمة لها في البيتين الأول والثاني مالا يخفى من الحسن، وفي الثالث لها من الثقل والتنغيص والتكدير على النفس أضعاف ما لها هناك من الخفة والإيناس والبهجة (الظهار، **2006**).

إن المعاني لا يراها الجاحظ إلا مطروحة في الطريق، وإنما الشأن يكمن في إقامة الوزن وتخير اللفظ وسهولة المخرج وكثرة الماء و صحة الطبع وجودة السبك، وهذا ما يوضحه الجرجاني، إذ يعتقد أن الجاحظ إنما قصد بالمعاني المطروحة في الطريق تلك المعاني التي يشترك فيها الناس كافة، وهي أصول المعاني، أو هي المعاني المفردة البائنة بصورها كما سماها الجاحظ نفسه، أما المعاني الشريفة فهي تلك المعاني التي لا يمتلك ناصيتها إلا خاصة الناس من البلغاء و الفصحاء (سرور، **1998**).

وأنه قصد بإقامة الوزن وزن الشعر لا وزن المفردات، وهذا ما يحدده سياق الكلام، أما تخير اللفظ فله وجهان، أولهما: أن اللفظ يتخيره المتكلم وفق معانيه التي يريد إبلاغها للسامعين، والآخر: أن التخير يكون في ألفاظ تؤدي المعنى. أما سهولة المخرج فليس المراد بها الألفاظ المفردة، لأن أكثر كلام العرب سهل مخرجه، وإنما المراد منه الكلام المركب، وهذا لا يحدث ذكره إلا بعد أن يكون الكلام مؤديا معانيه المطلوبة، فأداء المعنى أسبق من تسهيل المخارج، وكذلك قوله في كثرة الماء، فالكلام لا يكثر ماؤه ويسلس حتى يكون قد أوفى بمعناه، أما صحة الطبع فالطبيعة لا تجود إلا بالمعاني، وليس بالألفاظ. أما جودة السبك فهي الصناعة والصياغة والنسج والتصوير، وكلها أمور عائدة إلى المعاني، لا إلى الألفاظ (تاكفراست، **2005**).

من روائع جمال النظم:

لا يخفي الجرجاني إعجابه بالأبيات التي قالها البحتري في مديح الفتح بن خاقان، وهي:

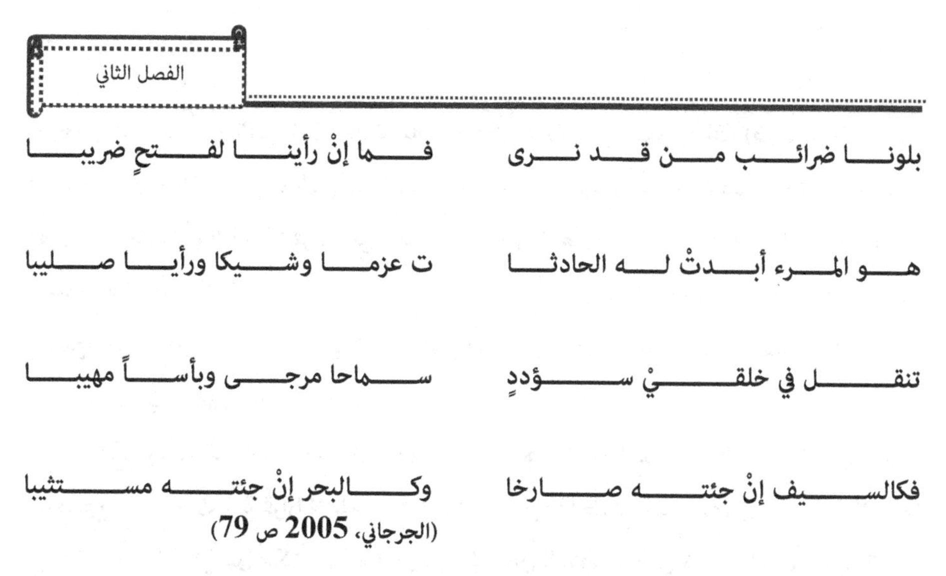

بلونا ضرائب من قد نرى ... فما إنْ رأينا لفتحٍ ضريبا

هو المرء أبدتْ له الحادثا ... ت عزما وشيكا ورأيا صليبا

تنقل في خلقيْ سؤددٍ ... سماحا مرجى وبأساً مهيبا

فكالسيف إنْ جئته صارخا ... وكالبحر إنْ جئته مستثيبا

(الجرجاني، 2005 ص 79)

تستوقف الأبيات السابقة القارئ مفرداتها ومعانيها وصورها وعواطفها ، فإذا هو أمام نسيج لغوي فريد، تتناسق أجزاؤه، وتتسلسل أفكاره، وتتلاحم صوره، وتتوهج عواطفه، فالفعل (بلوْنا) بمعنى اختبرْنا، و(ضرائب) جمع ضريبة، وهي السجية والطبع، و(ضريبا) تعني مثيلا وشبيها، والحادثات هي النوازل وصروف الدهر، أما العزم الوشيك فهو القريب المنال، والرأي الصليب هو القاسي والصلب، وأما المستثيب فهو طالب الأجر والثواب.

وقد أراد البحتري أنْ يعبر عن عاطفة الحب والإعجاب تجاه الممدوح، فقال في البيت الأول: أنه اختبر سجايا وطباع الناس الذين رآهم، فلم يجد بينهم مثيلا للفتح بن خاقان، وفي البيت الثاني يقول: إن (الفتح) إنسان كشفتْ حوادث الدهر عن مروءته ونزاهته، فهو يتمتع بعزم وشيك، وبرأي صليب جعلاه يتفوق على غيره من الناس، وقصد في البيت الثالث أن الممدوح يتنقل في خلقين حميدين، هما: السماح المرجى، والبأس المهيب، وهو يجود لذي القربى بسماحته، ويواجه الخصوم ببأسه، وفي البيت الأخير يقول: إن (الفتح) ماض كالسيف القاطع إنْ جاءه أحد صارخا مستنجدا، وهو كالبحر الزاخر بالعطايا إنْ جاءه أحد طالبا الثواب.

ويعزو الجرجاني إعجابه بالأبيات إلى أن الشاعر قد قدم وأخر، وعرف ونكر، وحذف وأضمر وأعاد وكرر، وتوخى على الجملة وجهاً من الوجوه التي يقتضيها علم النحو، وأظهر جمال التركيب وحسْن النظم، وتجلى ذلك في البيت الأول: في إسناده

الفعل (بلا) إلى ضمير الرفع (نا)، وفي نصبه للمفعول به (ضرائب)، وفي إضافة (ضرائب) إلى الاسم الموصول (منْ)، أي: (ضرائب الذي قد نرى.....)، وجعْل جملة (قد نرى) صلة للاسم الموصول (من)، وإقامة (إنْ) الزائدة للتوكيد بين (ما) النافية و الفعل (رأيْنا)، و تقديم الجار والمجرور (لفتحٍ) على (ضريباً) المتعلق به، فالقصد هو (فما إنْ رأيْنا ضريبا لفتح)، وليس (رأينا لفتح)، لأن (الفتح) غير متعلق (برأيْنا) بحسب المعنى المراد، وفي رد العجز على الصدر المتمثل في كلمتي ضريبا وضرائب (الظهار، **2006**).

وفي البيت الثاني: تعريفه (المرء) في قوله: (هو المرء أبدتْ له الحادثات) يفيد بأن (الممدوح) قار في المروءة قراراً لا يلحقه شك من أحد، وهذا طبعه وسجيته، وفي إسناد (الإبداء) إلى (الحادثات) إبلاغٌ عن تمكن الممدوح من المعالي، وأن الحادثات التي تذهل اللب، وتثبط القلب هي التي تكشف من الممدوح عزمه الوشيك ورأيه الصليب، وهي لا تبدي إلا ما كان خفياً عن بعض الأباعد، فقد يظن من لا علم له به أنه ليس كذلك، فإذا ما وقعت حادثة لم يبق ذو علم إلا وعلم ماله من عزم وشيك ورأي صليب، وفي تقديمه (العزم) على (الرأي) دلالة على أنهما مجموعان في لحظة واحدة، فلا يشغله الرأي عن العزم ولا يشغله العزم عن الرأي، ودلالة على أن عزمه الوشيك صنْو رأيه الصليب (الظهار،**1996**).

و قوله في البيت الثالث: (تنقل في خلقي سؤدد) جملةٌ فعلية منسوقة على الجملة الفعلية (أبدتْ له الحادثات)، وسياق النظم: (هو المرء أبدت له الحادثات، وتنقل في خلقي سؤدد)، من غير أن يربطها بسابقتها أي من حروف العطف، فبينهما منْ كمال الاتصال ما يغني عن ذلك الرابط، و لم يقل: (تنقل بين خلقي سؤدد)، وإنما قال: (تنقل في خلقي سؤدد)؛ لأنه حيث حل قائم في الخلقين معاً، وهو في تنكيره (السؤدد) دلالة على أن ذلك السؤدد أعز من أنْ يحاط بالتعريف. وفي إضافة (الخلقين) له دلالة على أنهما ليسا إلا له دون غيره، ويفسر هذين الخلقين قوله: (سماحاً مرجىً وبأساً مهيباً)، وفي السماح معنى فوق الذي في الجود، وهو جود عن نفس كريمةٍ محبةٍ لمفارقة ما جادتْ أكثر

من محبتها لمصاحبة ما أبقتْ، وفي تقديم (السماح) على (البأس) دلالة على أن الأقربين يرجون سماحته أكثر مما يهابون بأسه (ضيف،1965).

وفي البيت الرابع: عطف بالفاء وحذف المبتدأ، في قوله: (فكالسيف) والمعنى: (فهو كالسيف)، وكرر الكاف في قوله: (وكالبحر) ثم قرن إلى كل واحد من التشبيهين شرطا جوابه فيه، وأخرج من كل واحد من الشرطين حالاً، على مثال ما أخرج من الآخر، وذلك قوله: (صارخاً) و(مستثيبا)، فتشبيهه بالسيف في حال استصراخه نابع من تنقله في البأس المهيب، وتشبيهه بالبحر في حال استثابته دال على أن الأقربين دائماً في مأمنٍ منه، وفي تقديم التشبيه بالسيف على التشبيه بالبحر مقابلة لتقديم السماح المرجى على البأس المهيب، فمبدأ أمره ومنتهاه هو الجود والكرم، وفيه دلالة على أنه لا يفاضل بين الخلقين إلا بما يقتضيه المقام، وفي تكرار (الكاف) دلالة على أن كل تشبيه مرتبط بما يناسبه، فتشبيهه بالسيف مرتبط بالبأس المهيب، وتشبيهه بالبحر مرتبط بالسماح المرجى، وفي إخراجه شرطاً من كل تشبيه، ثم إخراجه حالاً من كل شرط ضَرْبٌ من تناسل المعاني، وفيه إيحاءٌ بأن صفاته يتناسل بعضها من بعض (الجرجاني، 1961).

وعلى الرغم من أن منهج الجرجاني حافل باقتفاء أثر السابقين في الدرس النحوي كسيبويه وأبي علي الفارسي، إلا أنه يربط الدراسة النحوية واللغوية معا بعامل النظم، ويربط عامل النظم بالعامل النفسي، في عملية إنتاج الكلام، ولهذا كان منهجه ذا خطر عظيم في فهم النصوص الأدبية وتذوقها ونقدها (درويش،2004).

التركيب النحوي والمعنى:

إن من أبرز الآراء التي قدمها الجرجاني وميزته عن غيره من النقاد، توحيده بين المعنى والتركيب النحوي في مستوى العبارة، وهذا التوحيد يجعل كل بحث في خصائص التركيب النحوي بحثا في خصائص المعنى الذي ينطوي عليه ذلك التركيب، وقد لا يكون التحليل النحوي كافيا للكشف عن خصائص التعبير الشعري من جميع النواحي اللفظية والدلالية، إلا أنه وجد فيه المدخل المناسب، ووجد في التركيز عليه أثناء تحليل النصوص ما يمكن أن يكون منطلقا أساسيا لإضاءة معاني الكلمات

والعبارات. فالقيمة الجمالية للعبارة الأدبية، تتأتى من حسن انتظام الكلمات فيها. وهذا الانتظام هو الذي يجعل من كلماتٍ معينة كلماتٍ أساسية أو مفتاحية في سياق، ولا يجعلها كذلك في سياق آخر (العشماوي،**1994**).

ويستنتج الباحث أن مراعاة النحو لا تعني أن يكتسب الكلام الخاصية نفسها دائما، فالتنكير والتعريف مثلا يختلف تأثيرهما في النظم بحسب الموقع والغرض الذي جيء بهما من أجله، فليس بالضرورة إذا راق التنكير القارئ في كلمة(سؤدد) من قوله: " تنقل في خلقي سؤدد " أن يروقه في كل موقع، فقد ورد في دلائل الإعجاز: " واعلم أنْ ليست المزية بواجبة لها في نفسها، ومن حيث هي على الإطلاق، ولكن تعرض بسبب المعاني والأغراض التي يوضع لها الكلام " (الجرجاني ،**2005** ص**81**).

لقد ظل المعنى موضوعا يشغل بال البلاغيين والنقاد، والمناطقة والفلاسفة منذ القدم، إلى أن تجسد في العصر الحديث فيما يسمى (علم الدلالة)، وهم يقسمون الألفاظ باعتبار قوة دلالتها على المعنى إلى قسمين: الواضح الدلالة، وهو اللفظ الذي يفهم المراد منه بصيغته نفسها، وغير الواضح الدلالة، وهو الذي يتوقف فهمه على أمر خارجي، فابن سينا يرى أن اللفظ يدل على علم المعنى من ثلاثة أوجه، هي: المطابقة، كأن يكون اللفظ موضوعاً لذلك المعنى، والتضمن: كأن يكون المعنى جزءا من المعنى الذي يطابقه اللفظ، والالتزام: كأن يكون اللفظ دالا بالمطابقة على المعنى. والإمام أبو حامد الغزالي يرى أن الألفاظ من المعاني على أربع منازل، هي: المشتركة، وهي اللفظ الواحد الذي يطلق على موجودات مختلفة، والمتواطئة، وهي اللفظ الذي يدل على أعيان متعددة بمعنى واحد مشترك بينها، والمترادفة، وهي الألفاظ المختلفة الدالة على معنى واحد، والمتزايلة، وهي الألفاظ المتباينة التي ليس بينها شيء من النسب (حامد، **2006**).

وشبيه ما انتهى إليه كثير من النقاد المحدثين بما انتهى إليه الجرجاني في موضوع دلالات الألفاظ، فالناقد الإنجليزي المعاصر ريشاردز (Richards) لا يخرج عما قاله الجرجاني في القرن الخامس الهجري، فهو يرى أن النغمة الواحدة في أي قطعة موسيقية لا تستمد خاصيتها المميزة لها إلا من النغمات المجاورة لها، وأن الفضيلة في أي كلام إنما

ترجع إلى مهارة الكاتب في استخدام الكلمة في موضعها الصحيح، وأن الكلمة الواحدة باستطاعتها أنْ تؤدي جملة من المعاني المختلفة إذا استخدمتْ في أكثر من سياق (ريشاردز، **1963**).

ويرى إليوت (Eliot) أن الكلمات القبيحة هي الكلمات التي لا تجد مكانها الملائم لها بين أخواتها، وأن موسيقا أي كلمة في حال تداخلها مع غيرها إنما تنشأ من علاقة هذه الكلمة مع سائر الكلمات المجاورة لها، فضلا عن العلاقة الناشئة من المعنى الذي اكتسبته الكلمة من السياق الذي وردتْ فيه، ومعانيها الأخرى التي اكتسبتها من استعمالاتها الأخرى (العشماوي، **1994**).

أما (برتراند راسل 1872-1970) فقد أكد في كتابه " ما وراء المعنى والحقيقة ": أن الذي يضفي الوحدة على الجملة المفيدة هو وجود رابط منطقي يتمثل في ترتيب المفردات من حيث هي كذلك، وإذا كان معنى الكلمة أو الجملة يتحدد باستعمالها في اللغة، فيجب أن يكون هذا الاستعمال محكوما بقواعد، بحيث يجعل الجملة ذات مغزى، فالاستعمال الصحيح هو الذي يجيء منسجما مع القواعد التي تضبطه. أما الاستعمال غير الصحيح فهو الذي لا يخضع لتلك القواعد. وإذا ما أريد أن يقدم المعنى الدلالي في صورته الكاملة فلا بد أن يضاف إلى المعنى المقالي جانب آخر هو المعنى المقامي (راسل، **2005**).

وقد ميز علماء الدلالة بين أنواع عدة من المعاني، منها: الأساسي و الإضافي والأسلوبي والنفسي والإيحائي، أما المعنى المركزي فهو الذي يمثل العامل الرئيس في الاتصال اللغوي، والمعبر الحقيقي عن وظائف اللغة. و تحدث كل من أوجدن (Ogden) و ريشاردز (Richards) عن ثلاثة جوانب أساسية تنتظم العلاقة بين اللفظ والدلالة، وهي الرمز أو الكلمة والصورة الذهنية أو الفكرة، والشيء أو الموضوع (المرسي، **2004**).

وبما أن نظرية النظم تقوم في جوهرها على تعلق الكلم بعضه ببعض، ووضعه الموضع الذي يقتضيه التركيب النحوي، وتقدير معنى الكلمة تبعا لموقعها في سياق

الكلام، فقد حاول الباحث الإفادة من هذه النظرية في بناء البرنامج التعليمي، وتجسد ذلك في صياغة النتاجات التعليمية لدروس البرنامج، وفي صياغة نشاطات البرنامج وتدريباته المختلفة؛ حيث عولجتْ قضايا، مثل: التعلق والإسناد، والتقديم والتأخير، والحذف والإظهار والتكرار، والالتفات والتذييل، والتوسع في المعنى، وربط النتائج بالأسباب، والمفاضلة بين طرائق النظم المختلفة، كما عولج دوْر السياق وأثره في تحديد المعنى، والتركيب النحوي وأثره في ضبط الكلم. والمتتبع لنشاطات البرنامج التعليمي وتدريباته، وما تضمنته من أوراق عمل ومناقشات موجهة، يلحظ أن تلك المعالجات قد جاءتْ لتصب في خدمة استيعاب المعنى، والتذوق الأدبي.

استيعاب المعنى:

بما أن عملية الاستيعاب تتضمن عمليات ذهنية جزئية معقدة، وأن عملية بناء المعنى عملية مشتركة بين القارئ والنص المقروء، فإن العوامل التي تتحكم في نجاحها أو فشلها عوامل كثيرة ومتنوعة. فقد ذكر كلٌ من: روبنسون (Robinson,1970) والشطي (2001) أن بعضها يعود إلى المتعلمين، أو إلى طبيعة المادة المقروءة، أو إلى الوسائل المستخدمة في القياس. وذكر أندرسون (Anderson,1985) أن الاستيعاب القرائي يتأثر بمعرفة المفردات، وبالقدرة على فهم الفكرة الرئيسة، وعلى الاستنتاج. وأورد بالدوين وآخرون (Baldwin&Brukner&Ann,1985) عوامل أخرى تؤثر في عملية الاستيعاب، ومنها:

- الهدف من القراءة، فالقارئ عندما يقرأ قراءة تصفحية أو قراءة للاستمتاع فإنه يستوعب المعاني بطريقة تختلف عن استيعابه لها عندما يقرأ قراءة تأملية أو تحليلية.
- المستوى القرائي للقارئ، وثروته اللغوية، إذْ تتفاوت درجة الاستيعاب القرائي بين قارئ متقن وآخر غير متقن، ويواجه القارئ غير المتقن صعوبات في تقويم استيعابه.

- المعرفة القبلية بموضوع النص، فالقارئ يستخدم خبراته السابقة في استيعاب المعاني الجديدة، وهذه المعرفة القبلية لها أثر تراكمي، فكلما ازدادتْ تعمقتْ مستويات الاستيعاب.

أما الباحث فيرى أن درجة صعوبة مفردات النص، ومدى ألفتها للقارئ، وحجم الجملة المقروءة، وخبرة القارئ بعلامات الترقيم، و بمواطن الوقوف عند تمام المعنى، وخبرته بالتركيب النحوي، و بأساليب النداء والاستفهام والنفي والنهي والتعجب، وقدرته على التحليل والتأويل، وقدرته على ربط المواقف الجديدة بذخيرته من المواقف والتجارب السابقة، وحسه اللغوي، وإطاره الثقافي العام، كل ذلك يؤدي دورا مؤثرا وفاعلا في عملية استيعاب القارئ لمعاني النصوص الأدبية التي يقرؤها أو يستمع إليها.

مستويات الاستيعاب:

مثلما يختلف تعريف الاستيعاب لدى علماء التربية، فإن درجته تختلف من متعلم إلى آخر، فقد يكون استيعابا سطحيا، وقد يكون استيعابا عميقا، تبعا لما يدور في ذهن المتلقي من تفاعلات وعمليات عقلية، وقد تمكن الباحث - باطلاعه على بعض ما أورده التربويون في كتاباتهم وبحوثهم حول مستويات الاستيعاب - من تحديد عدد من تلك المستويات، ووصف مؤشراتها التي تتناسب وأهداف هذه الدراسة، وهي:

المستوى الحرفي:

ويقصد به الاستيعاب الظاهري للمقروء أو المسموع، ومن مؤشراته كما ورد في (الحداد، 2006) و(Kaufman &Kaufman,1985):

- تحديد المعاني الظاهرة للمفردات.
- تعرف الأفكار الرئيسة في النص، وتذكرها.
- تعرف تفاصيل الأحداث وتتابعها.
- المقارنة بين الشخصيات ومواقفها من حيث الشبه والاختلاف.

- ربط النتائج بأسبابها.

المستوى الاستنتاجي:

ويعني الاستيعاب الضمني للنص، وفهم غرض الكاتب، عن طريق أسئلة موجهة يطرحها المعلمون على طلبتهم، بحيث تستثير تفكيرهم وخيالهم، وفيه يتعمق فهم المتعلم لمعاني النص الأدبي، ومن مؤشراته كما ورد في (Kaufman &Kaufman,1985):

- تحليل المعلومات للوقوف على المعاني البعيدة والضمنية.
- اكتشاف العلاقات بين التراكيب والأفكار.
- صياغة عنوانات جديدة ترتبط بالنص.
- فهم غرض الكاتب وما يسعى إليه من أهداف.
- التنبؤ بالنتائج المتوقعة.
- عمل استدلالات مناسبة.

المستوى الناقد:

وفيه يكون المتعلم قادرا على نقد الأفكار الواردة في النص وتقويمها، ومن مؤشراته كما ورد في Goodman & Burke, 1983)):

- التمييز بين الحقائق والآراء.
- التمييز بين الحقائق والادعاءات.
- الكشف عن مواطن التحيز والتحامل.
- تفنيد المزاعم والادعاءات بأساليب معقولة ومقنعة.
- تقويم المواقف وتفسير النتائج.

التذوق الأدبي:

الأدب والبلاغة صنوان لا يفترقان، فالعمل الأدبي وسيلة الأديب للتعبير عن ضميره ووجدانه وهمومه وشجونه، وهو يخدم البلاغة بفهمه وتحليله، والوقوف على

أسرار الجمال فيه. والبلاغة ثمرة من ثمار العمل الأدبي، وهي زينته وحليته. وينتظر من النصوص الأدبية التي يدرسها الطلبة أن تسهم في تنمية ميولهم الفطرية لتذوق الأدب وتقديره (سمك،1998)، وفي تعميق تفكيرهم، وإرهاف حواسهم، وصقل وجدانهم، وتوجيههم نحو التجديد والابتكار والإبداع، وتغرس في نفوسهم حب المعرفة والبحث.

والتذوق الأدبي لا تنفصم عراه عن الأدب؛ فهو يتطلب قدرا من الفهم والاستيعاب، والقارئ يكون أكثر استعدادا لتذوق الأدب إذا فهم معناه، والعكس صحيح أيضا، فإذا ما أخفق القارئ في فهم الأدب واستيعابه، فإنه لن يشعر بتذوق الأدب واستمرائه. فقد ذكر لويس وآخرون (Lewis & others,1963) أنه لا يكفي أن يظهر القارئ استمتاعه بالأدب وإعجابه به، بل لا بد له أنْ يبرر ذلك الاستمتاع، و يبين أسباب ذلك الإعجاب.

وأدرك التربويون أهمية دور النصوص الأدبية في تعريف الطلبة بخصائص اللغة، وفي تنمية ثقافتهم الأدبية، وتنمية قدراتهم على التذوق، وتدريبهم على إتقان مهارات التحليل الأدبي. فتدريس النصوص الأدبية يتطلب توافر معلم حاذق ناقد، ويتطلب طالبا يتلقف أفكار الأديب ويتفاعل معها في ضوء هذه المعطيات مجتمعة (الدليمي، الوائلي، 2003).

المؤشرات السلوكية لمهارات التذوق الأدبي:

قسم طعيمة (1971) مهارات التذوق الأدبي إلى ثلاثة مستويات، ثم حدد بعض المؤشرات لكل مستوى منها على النحو الآتي:

المستوى الأدنى، ومن مؤشراته:

- تعرف الظروف المحيطة بالعمل الأدبي.
- إدراك الوحدة الموضوعية للنص.
- تقسيم النص إلى وحدات فكرية صغيرة ومترابطة.

- **استخلاص الأفكار الرئيسة من كل وحدة منها.**
- **الوقوف عند الأفكار الجزئية والمعاني التفصيلية فيها.**

المستوى المتوسط، ومن مؤشراته :

- **بيان مدى مناسبة الألفاظ التي وظفها الأديب للأجواء النفسية التي يمر بها.**
- **تفسير الرموز المتضمنة في النص، وتوضيح الأبعاد الدلالية لها.**
- **تحليل الصور البيانية، وإدراك سر الجمال فيها.**
- **تعرف أنواع الأساليب، وإدراك الغرض من تنوعها.**
- **إدراك ما بين أجزاء النص من وحدة عضوية.**
- **اختيار أكثر العبارات والتراكيب دقة في التعبير عن أحاسيس الكاتب وانفعالاته.**

المستوى الأعلى، ومن مؤشراته:

- **تحديد مواطن القوة والضعف في العمل الأدبي.**
- **تحديد اتجاهات الأديب نحو القضية التي يعالجها.**
- **بيان مدى قدرة العمل الأدبي على نقل تجربة الأديب.**
- **مشاركة الأديب أحاسيسه وانفعالاته بالتعليق عليها بعبارات جميلة.**
- **تصنيف الأعمال الأدبية، والموازنة بينها من حيث خصائص كل منها.**
- **استنتاج سمات أسلوب الأديب من النص الأدبي.**
- **تعليل الأحكام والاستنتاجات التي يتوصل إليها القارئ.**

أما الباحث فقد حدد عددا من المؤشرات الدالة على تمكن المتعلم من مهارات التذوق الأدبي التي تتفق وأهداف هذه الدراسة، ومنها:

- **تحليل النص الأدبي، وتقسيمه إلى وحدات فكرية مترابطة.**
- **تحليل الصور البلاغية، وتحديد عناصرها ومواطن الجمال فيها.**
- **استنتاج الدلالات والإيحاءات لبعض الألفاظ من السياق.**

- **إدراك أسرار النظم الأدبي، وتعليلها.**
- **المفاضلة بين العبارات والتراكيب، وتعليل الأحكام عليها.**
- **تعرف أحاسيس الأديب وانفعالاته، ومدى قدرته على نقلها للقارئ.**
- **تعرف اتجاهات الأديب نحو القضية التي يكتب عنها، وإبداء الرأي فيها.**
- **محاكاة الأعمال الأدبية أو التعليق عليها بعبارات أدبية جميلة.**

علاقة النظم بالاستيعاب والتذوق الأدبي:

ثمة علاقة وثيقة بين النظم والاستيعاب والتذوق، فإذا كان النظم يعني توخي معاني النحو في معاني الكلم، وإذا كانت الفضيلة لاتثبت للكلمة إلا بملاءمة معناها لمعنى الكلمة التي تليها، فإن الاستيعاب والتذوق لا يتأتيان إلا بنظم جيد تتعلق فيه الكلم برقاب بعضها، وتترتب في أسطرها وفق ترتيبها في ذهن كاتبها، وإذا ما حدث فساد في النظم وأخرجت الكلمة عن موضعها فإنه يترتب على ذلك فساد في الاستيعاب ورداءة في التذوق.

والجرجاني يجعل ذروة البلاغة في النظم وحده، ويقرر أنه لا فصل بين الألفاظ ومعانيها، ولا بين الصورة والمحتوى في العمل الأدبي، ونظريته في التحليل اللغوي ورد المعاني إلى النظم ومنهجه في نقد العمل الأدبي ما هي إلا مراحل تنتهي إلى استيعاب المعنى والتذوق الأدبي، والاستيعاب والتذوق عمليات عقلية ترتبط بقدرة القارئ على التأمل والتحليل والفهم وإصدار الأحكام. وترجع أهمية النظم إلى كونه يحفز القارئ على التغلغل في أعماق النص، وعدم الاكتفاء بالوقوف عند ظاهر اللفظ، والبحث عن علل منطقية تبرر استيعابه لمعانيه، واستمتاعه بجمالياته (العشماوي، **1994**).

والنظم الجيد لايتم استيعابه وتذوقه حتى يصادف قارئا يمتلك صبرا وروية وطول معاودة، ويستمتع بالقراءة فتزداد فرصته في التعلم، ويصبح أكثر قدرة على إثارة التساؤلات التي تقود إلى إماطة اللثام عن مكامن البلاغة والبيان. وأن الحالة النفسية للقارئ تؤدي دورا مهما في عمليتي الاستيعاب والتذوق، فثمة فرق فيهما بين قارئ يقف على النص بحيوية ونشاط، وقارئ يقف عليه في حالة من التعب والملل.

واعتبر خاطر وشحاتة وطعيمة والحمادي (1989) أن التذوق الأدبي موهبة فطرية تصقل بتأمل أبنية النصوص الأدبية، وتحليلها وتصنيفها، ومقارنتها والمفاضلة بينها، لبيان الجمال الذي أودعه الأديب بين كلماتها وعباراتها، ودعوا إلى تطوير هذه المهارات لدى الطلبة لتمكينهم من تذوق الجمال أينما وقفوا عليه.

والباحث إذ يستذكر دراسات سابقيه وجهودهم في التصدي لمشكلة الضعف في المهارات اللغوية عموما، ومهارات الاستيعاب والتذوق على وجه الخصوص ليدرك مدى مسؤولية التربويين تجاه الجيل القادم من الطلبة، ومدى الحاجة لمساعدتهم على اتخاذ العربية لسان أمة ولغة حياة، وهو في إطار البحث عن حلول لهذه المشكلة ينظر إلى بناء النص الأدبي وطريقة نظمه نظرة أمل، لعله يستطيع الاتكاء على نظرية النظم للجرجاني، والاسترشاد بها في تقديم النصوص الأدبية المناسبة للطلبة، وتوظيفها في المواقف التعليمية. فربما تساعد في النهوض بمستويات الاستيعاب والتذوق الأدبي لدى طلبة المرحلة الثانوية، لأن النظم بما يعنيه من توخ لمعاني النحو، ومراعاة للسياق، وترتيب للمعاني في الذهن قبل البوْح بها يرتبط ارتباطا وثيقا بالاستيعاب والتذوق الأدبي، إذ لا معنى لكلام مفكك الأوصال، ولا إثارة في كلام لا يراعي مقتضى الحال.

ثانيا: الدراسات السابقة ذات الصلة:

يحظى الاستيعاب والتذوق الأدبي باهتمام الباحثين التربويين، وقد تعددت الدراسات والبحوث حولهما، وحول كيفية تنميتهما لدى الدارسين في المراحل الدراسية المختلفة. وأفاد الباحث من تلك الدراسات والبحوث في تطوير دراسته الحالية. وفي حدود اطلاعه على الأدب التربوي السابق لاحظ ندرة الدراسات التجريبية التي تناولت متغيرات الدراسة الحالية، ولا سيما البرنامج التعليمي القائم على نظرية النظم للجرجاني؛ وهذا في حد ذاته يحفزعلى إجراء الدراسة الحالية، ويظهر الحاجة لإجراء دراسات تجريبية مماثلة في المستقبل، وإماطة اللثام عن مدى تأثير نظرية النظم في استيعاب الطلبة لمضامين النصوص الأدبية، وقدرتهم على تذوقها تذوقا رفيعا، ورفع

وتيرة تحصيلهم اللغوي بشكل عام. وقد عرض الباحث الدراسات التي تطرقت لمتغيرات الدراسة الحالية أو التي اقتربت منها على النحو الآتي:

- أجرت الظهار(2006) دراسة هدفت إلى تعرف أثر استخدام نظرية النظم عند الجرجاني في تنمية التذوق البلاغي لدى طالبات اللغة العربية بكلية التربية بجامعة طيبة في المدينة المنورة، وتكونتْ عينة الدراسة من (40) طالبة هن مجتمع الدراسة أيضاً، وقد استخدمتْ فيها استبانة اشتملتْ على أربعة محاور، منها محور يقيس الاتجاه نحو تنمية التذوق البلاغي باستخدام طريقة الجرجاني، وقد أظهرت النتائج أثرا لاستخدام طريقة الجرجاني التحليلية في تنمية التذوق الأدبي لدى أفراد عينة الدراسة، وفي قدرتهن على تقديم تعليلات مقنعة لكل كلام يستحسنه أو يستقبحنه. وأوصتْ بضرورة تدريب الطلبة على نظم الكلام وتحليله تحليلا لغويا، والابتعاد بهم عن الطرق الجافة التي تضطرهم إلى ترديد المصطلحات دون وعيها واستيعابها.
- أجرى خاقو (1997) دراسة في كلية التربية بجامعة صنعاء، هدفتْ إلى معرفة أثر برنامج مقترح لتدريس النحو في ضوء نظرية النظم عند عبد القاهر الجرجاني في تحصيل طلاب كلية التربية في بعض المهارات النحوية المقررة عليهم. وقد قسم عينة الدراسة إلى مجموعتين: تجريبية وضابطة، درس طلاب المجموعة التجريبية المهارات النحوية بالبرنامج المقترح في ضوء نظرية النظم، ودرس طلاب المجموعة الضابطة بالبرنامج الاعتيادي، .وكان من نتائج الدراسة ارتفاع مستوى تمكن طلاب المجموعة التجريبية في كل مهارة من المهارات النحوية مقارنة بمستوى المجموعة الضابطة في تلك المهارة، وذلك نتيجة لفعالية الوحدة المعبرة عن البرنامج المقترح لتدريس النحو في ضوء نظرية النظم عند الجرجاني.

وفي ضوء تلك النتائج أكدت الدراسة ضرورة معالجة الموضوعات النحوية والصرفية في إطار محتوى واحد يعكس المفهوم الواسع للنحو وفقاً لنظرية النظم عند الجرجاني.

- أجرت الظهار (1996م) دراسة هدفت إلى الوقوف على مسألة التذوق البلاغي عند الجرجاني عن طريق دراسة الشواهد الشعرية التي أوردها في كتابه (دلائل الإعجاز)، و قد حاولت الباحثة دراسة تلك الشواهد و تحليلها وفق الطريقة التحليلية القائمة على نظرية النظم، و توصلت في نتائج دراستها إلى أن الطريقة التحليلية القائمة على نظرية النظم للجرجاني تساعد في تنمية التذوق الأدبي السليم. وأوصت الباحثة بضرورة تطبيق المنهج التحليلي للجرجاني في الدراسات البلاغية والنقدية، وتدريب الطلاب على التذوق الأدبي، و الابتعاد عن الطرق الجافة التي تضطر الطالب إلى حفظ المصطلحات البلاغية دون فهم.
- أجرى هنداوي (1995) دراسة تجريبية في معهد الدراسات والبحوث التربوية بجامعة القاهرة، هدفت إلى معرفة تأثير تدريس النصوص الأدبية في ضوء نظرية النظم لعبد القاهر الجرجاني في التذوق الأدبي لدى طلبة الصف الثاني الثانوي الأدبي، وقد أظهر تحليل النتائج وجود فرق ذي دلالة إحصائية لصالح المجموعة التجريبية التي درس أفرادها بطريقة التدريس المستندة إلى نظرية النظم للجرجاني في تنمية مهارات التذوق الأدبي.
- قام حلمي (1994) بدراسة شبه تجريبية في كلية التربية بجامعة المنيا، سعت إلى تعرف أثر برنامج تعليمي أعده الباحث وفق أسلوب النظم في تنمية بعض المهارات اللغوية لدى الطلبة المتخلفين عقليا، وطبقه على عينة منهم، شملت مجموعة تجريبية وأخرى ضابطة، ثم أجرى لهم اختبارا بعديا، وقد أظهرت نتائج الدراسة وجود فرق ذي دلالة إحصائية لصالح أفراد المجموعة

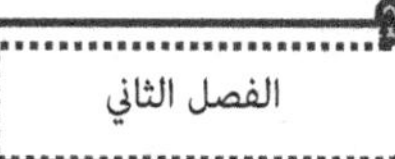

التجريبية التي درس أفرادها بالبرنامج المعد وفق نظرية النظم. وأوصى في ختام دراسته بإمكانية الاعتماد على تلك النظرية في تنمية المهارات اللغوية.

- أجرى عرفة (1983م) دراسة هدفت إلى تنمية التذوق لدى دارسي الأدب، من خلال تحليل التراث الأدبي، ودراسته عن طريق نظرية النظم للجرجاني، و بناها على فرضية مفادها أن جودة الصياغة ترتبط بجودة الأفكار، وبعمق التجربة الشعرية، وأن التركيب اللغوي لا بد أن يكون وثيق الصلة بمعاناة الأديب، وبإحساسه بالأفكار التي تدور في ذهنه، ويرغب في نقلها إلى ذهن المتلقي، و شرح الباحث في دراسته نظرية النظم للجرجاني شرحاً مفصلاً، مركزا على منهجه في تحليل النصوص وتذوقها، ولم يرفض الباحث في منهج بحثه المعاصرة المستنيرة ولا الفكر الجاد اللذين من شأنهما إرهاف ذوق القارئ وتقوية حسه بتراثه الأدبي، وقد أوصت الدراسة باتخاذ نظرية النظم للجرجاني أساساً لتحليل النصوص الأدبية ودراستها.
- سعت دراسة الصاوي (1982م)، إلى بناء موضوع متكامل متحد الأجزاء، يوضح النقد التحليلي عند عبد القاهر الجرجاني، والأسس التي قام عليها منهجه في التحليل، وبيان مكانته النقدية بين النقاد المعاصرين، ووضحت الدراسة الأسس العامة للنقد التحليلي، وحاجة الناقد إلى الذوق الفني الرفيع، وأظهرت النتائج أن الجرجاني استطاع بتحليله للنصوص الأدبية وفق نظرية النظم أن يدرك ما يعرف اليوم بالتجربة الشعرية. وأوصت الدراسة بضرورة اعتماد المنهج التطبيقي في تدريس البلاغة والنقد الأدبي من أجل إكساب المتعلمين خبرة تذوقية تساعدهم على فهم النص الأدبي.
- هدفت دراسة أبي موسى (1974) إلى بيان أهمية مسائل علم المعاني في تنمية دواعي النفس وهواجس الحس، عن طريق تحليل عدد من الشواهد المدرجة في سياقات لغوية، بطرقٍ تذوقية واضحة وجلية، وبنى الباحث دراسته على تحليل الأساليب اللغوية ومناقشة أحوال صياغتها، وخصائص تراكيبها،

وملاحظة المعاني والإشارات التي تكمن وراء الكلمات، مكثرا من الشواهد البلاغية الواردة في كتابي: (دلائل الإعجاز) و (أسرار البلاغة)، ومبديا قناعته بأن حسن نظم العبارة يعبرعن هواجس قائلها وعن دخائل نفسه، ومعتقدا أن زيادة خبرة المتعلم بالسياق اللغوي من شأنها أن تزيد في إدراكه لموضع الشاهد وتفاعله معه، وقد دعا في نهايتها إلى ترسم خطا الجرجاني في تحليل الشواهد البلاغية.

- أجرى عبدالله (2007) دراسة في جامعة الملك سعود بعنوان "السياق القرآني وأثره في الكشف عن المعاني" تمثلت مشكلتها في تفسير النصوص وفهم المراد منها، وقد هدفت إلى تعرف أثر السياق في فهم المعنى، وتناول فيها مفهوم السياق وأهميته ومجالاته، والعوامل المؤثرة على المعنى الدقيق للكلمات، وتوصلت الدراسة إلى أن للسياق أثرا بارزا في تحديد المعنى وفي ترجيح المحتملات، ودفع ما يتوهم أنه تعارض بين الآيات.

- قام الشتوي (2005) بدراسة نظرية تطبيقية في جامعة أم القرى هدفت إلى تعرف دلالة السياق وأثرها في توجيه المتشابه اللفظي في قصة موسى عليه السلام، تمثلت مشكلة الدراسة في التمييز بين الفروق الدقيقة لمعاني الآيات الذي لا يتم إلا بالرجوع إلى السياق، وقد خصص القسم الأول منها للإطار النظري، تطرق فيه لمفهوم السياق وأهميته وأنواعه، وللمتشابه اللفظي في القرآن الكريم ومفهومه وأهميته وأنواعه، وخصص القسم الثاني من الدراسة للجانب التطبيقي على قصة موسى عليه السلام، وتوصلت دراسته إلى أن للسياق أثرا في توجيه المتشابه اللفظي نحو فهم المعنى.

التعقيب على الدراسات السابقة:

تشير معظم الدراسات السابقة إلى أهمية نظرية النظم في بناء العمل الأدبي، وفي تنمية المهارات اللغوية، و تكاد تتفق جميعها على أن الطلبة في مختلف المراحل التعليمية يعانون ضعفا في تلك المهارات، ولم يعثر الباحث - في حدود اطلاعه - على دراسات

تبحث في أثر نظرية النظم كمتغير مستقل في استيعاب المعنى كمتغير تابع، كما لم تتناول واحدة من تلك الدراسات أثرا يعزى للتفاعل بين الجنس ونوع البرنامج، وهذا ما حاولت الدراسة الحالية القيام به، ولم تستخدم أي منها برنامجا تعليميا قائما على نظرية النظم لتنمية مهارات الاستيعاب والتذوق الأدبي.

تتميز الدراسة الحالية عن الدراسات السابقة في أنها واحدة من الدراسات القليلة التي تناولت أثر نظرية النظم في استيعاب المعنى والتذوق الأدبي لدى طلبة المرحلة الثانوية، وفي منهجها شبه التجريبي القائم على تجريب فاعلية برنامج أعده الباحث وفقا لهذه النظرية، واستطلاع أثره في متغيرين تابعين اثنين، وتجرى على منهج دراسي مطور جديد، يطبق للمرة الأولى على طلبة الصف العاشر، ويحتاج لعملية دراسة وتقويم، تفضي إلى تغذية راجعة يمكن لها أنْ تسهم في تطوير المنهاج وإثرائه. والباحث يتوقع من الدراسة الحالية أن تساعد في حل مشكلة الضعف في بعض المهارات اللغوية التي يعاني منها الطلبة في الميدان التربوي.

الفصل الثالث

الطريقة والإجراءات

الفصل الثالث

الطريقة والإجراءات

يتناول هذا الفصل وصفا لأفراد الدراسة، وكيفية اختيارهم، وتوزيعهم على المجموعات، والتحقق من تكافؤ تلك المجموعات، ويتناول وصفا لأدوات الدراسة وطرائق إعدادها، وإجراءات صدق الأدوات وثباتها، ووصفا للبرنامج التعليمي القائم على نظرية النظم ومكوناته، ومسوغات إعداده، وأسس بنائه، ووصفا لدليل المعلم، ولأهدافه ومحتواه وخطوات إعداده، كما يتناول متغيرات الدراسة وتصميمها، والمعالجات الإحصائية المستخدمة في تحليل النتائج.

أفراد الدراسة:

تألف أفراد الدراسة من (122) طالبا وطالبة من طلبة الصف العاشر في مرحلة التعليم الثانوي، منتظمين في مدرستين تم اختيارهما قصديا من بين المدارس الحكومية التابعة لمنطقة الشارقة التعليمية في العام الدراسي 2008/2007، هما: مدرسة الإمام أحمد بن حنبل للتعليم الثانوي ذكور، ومدرسة الحيرة للتعليم الثانوي إناث، بواقع شعبتين في كل مدرسة؛ وذلك لتوفر إمكانات التطبيق فيهما، وقد وزعت الشعب بالطريقة العشوائية على مجموعتين: مجموعة تجريبية عدد أفرادها (61) يدرسون في شعبتين، فيهما (31) طالبا و(30) طالبة، ومجموعة ضابطة عدد أفرادها (61) يدرسون في شعبتين كذلك، فيهما (31) طالبا و (30) طالبة.

وقد درس أفراد المجموعة التجريبية المادة الأدبية بالبرنامج التعليمي الذي أعده الباحث وفق نظرية النظم للجرجاني، ودرس أفراد المجموعة الضابطة المادة ذاتها بالطريقة الاعتيادية الواردة في الكتاب المدرسي المقرر، وفي دليل المعلم، والجدول (1) يوضح توزع أفراد العينة وفق المجموعة (البرنامج) والجنس:

الجدول (1)

توزيع أفراد الدراسة على المجموعات تبعاً لمتغير المجموعة (البرنامج) والجنس

البرنامج التعليمي	المدرسة	الجنس	العدد	الشعبة		المجموع
البرنـامج القـائم عـلى نظرية النظم	الإمام أحمد بن حنبل	ذكور	31	3	تجريبية	61
	الحيرة	إناث	30	ب	تجريبية	
البرنامج الاعتيادي	الإمام أحمد بن حنبل	ذكور	31	1	ضابطة	61
	الحيرة	إناث	30	أ	ضابطة	
مجموع أفراد الدراسة						122

أدوات الدراسة:

أولا: اختبار استيعاب المعنى

أعد الباحث اختباراً لاستيعاب المعنى، وهو من نوع الاختيار من متعدد بأربعة بدائل، واتبع في إعداده الإجراءات الآتية:

- تحديد مستويات الاستيعاب القرائي، والمؤشرات الدالة عليها، بالرجوع إلى الأدب التربوي، حيث أفاد الباحث من تصنيف مستويات الاستيعاب لدى بعض الباحثين، مثل: الحداد (2006)، وعمايره (2004)، وحبيب الله (2000)، وعبيدات (1991)، وهذه المستويات هي: الاستيعاب الحرفي، والاستيعاب الاستنتاجي، والاستيعاب الناقد، وحددت المؤشرات الدالة عليها، ثم حددت المهارات التي يقيسها الاختبار.
- تحليل محتوى الوحدات الدراسية، لتحديد المفاهيم التي تتضمنها.
- صياغة نتاجات التعلم المتوقع إتقانها في نهاية كل وحدة من الوحدات الدراسية المستهدفة.

- إعداد جدول مواصفات للاختبار، يتضمن في محوره العمودي المحتوى، ويشمل: المعاني والدلالات، والتراكيب والأبنية، والتأثير النفسي. ويتضمن في محوره الأفقي مستويات الأهداف المعرفية وفق تصنيف بلوم (Bloom)، وهي الفهم والتطبيق والتحليل والتركيب والتقويم. والجدول (2) يوضح الوضع النهائي لأرقام فقرات الاختبار في كل خانة مقرونة بالنسبة المئوية لعدد الأسئلة فيها.

الجدول (2)

جدول مواصفات اختبار استيعاب المعنى

المستوى / المحتوى	الفهم	التطبيق	التحليل	التركيب	التقويم	المجموع
المعاني والدلالات - الفقرات	،12،4،3،2،1 30،29،26	25،24	16،15،13،5	39،37	19،18،14،10	20
- النسبة المئوية	%20	%5	%10	%5	%10	%50
التراكيب والأبنية - الفقرات	17	23،7،6	20،11 28،22،21	38،36،8	35،34	14
- النسبة المئوية	%2.5	%7.5	%12.5	%7.5	%5	%35

التأثير النفسي - الفقرات	32،31	33			40،27،9	6
- النسبة المئوية	%5	%2.5			%7.5	%15
مجمـــــوع الفقرات	11	6	9	5	9	40
- النسبة المئوية	%27.5	%15	%22.5	%12.5	%22.5	%100

- صياغة فقرات الاختبار وعددها (40) فقرة من نوع الاختيار من متعدد بأربعة بدائل، من بينها بديل صحيح واحد.

صدق الاختبار:

للتحقق من صدق الاختبار عرض على عدد من الخبراء والمختصين من أساتذة الجامعات، وعلى عدد من الموجهين التربويين، والأعضاء العاملين في مركز تطوير المناهج و الكتب، وعلى بعض معلمي اللغة العربية ومعلماتها ممن يعلمون الصف العاشر في منطقة الشارقة التعليمية الملحق (9)؛ لإبداء رأيهم في مدى وضوح صياغة فقرات الاختبار، وانتمائها لمستويات الاستيعاب، وملاءمتها لمستوى الطلبة، ومدى ارتباط بدائلها بأرومة السؤال.

ثبات الاختبار:

للتحقق من ثبات الاختبار طبق على عينة استطلاعية من خارج عينة الدراسة، تكونت من (30) طالبا، من طلاب الصف العاشر، ومن خلال هذا التطبيق تم تقدير

الزمن الملائم للاختبار، وذلك بحساب معدل الزمن الذي استغرقه أول طالب خرج من الاختبار وهو (30) دقيقة، والزمن الذي استغرقه آخر طالب خرج من الاختبار وهو (60) دقيقة، وبذلك يكون معدل الزمن اللازم للاختبار (45) دقيقة؛ ثم صحح الباحث إجابات العينة الاستطلاعية، بعد ذلك استخرج معامل الصعوبة والتمييز لكل فقرة، ثم أعيد ترتيب الفقرات من جديد، وخصصت لكل فقرة منها درجة واحدة. وبذلك تكون النهاية العظمى لدرجات الاختبار (40) درجة، وقد تراوحت درجات الصعوبة لاختبار استيعاب المعنى في وضعه النهائي ما بين: (0.30) و(0.77)، وتراوح معامل التمييز لاختبار استيعاب المعنى ما بين: (0.25) و (0.88)، وبلغ معامل ثبات الاختبار في وضعه النهائي (0.87) واستخدمت في استخراجه معادلة التوافق الداخلي : (K. R. 20).

ويبين الملحق (3) معاملات الصعوبة والتمييز لكل فقرة من فقرات الاختبار، ويبين الملحق (4) الإجابات النموذجية لتلك الفقرات.

ثانيا: اختبار التذوق الأدبي

أعد الباحث اختبار التذوق الأدبي، وهو من نوع الاختيار من متعدد بأربعة بدائل و اتبع في إعداده الإجراءات الآتية:

- تحديد مستويات التذوق والمؤشرات الدالة عليها، بالرجوع إلى الأدب التربوي، حيث أفاد الباحث من مهارات التذوق الأدبي لدى بعض الباحثين، مثل: الظهار(2006) والعفيف (2005)، وخاطر وشحاتة و طعيمة والحمادي (1989)، وطعيمة (1971)، وحددت المؤشرات الدالة عليها، ثم حددت المهارات التي يقيسها الاختبار.
- تحليل محتوى الوحدات الدراسية، لتحديد المفاهيم التي تتضمنها.
- صياغة نتاجات التعلم المتوقع من الطلبة إتقانها في نهاية كل وحدة دراسية مستهدفة.

- إعداد جدول مواصفات للاختبار، ويتضمن في محوره العمودي المحتوى، ويشتمل على: طرائق النظم، النظم والتأثير النفسي، علاقات الكلم، الإيحاءات والمعاني الضمنية. ويتضمن في محوره الأفقي مستويات الأهداف المعرفية وفق تصنيف (بلوم)، وهي: الفهم والتطبيق والتحليل والتركيب والتقويم. والجدول (3) يوضح الوضع النهائي لأرقام فقرات الاختبار في كل خانة مقرونة بالنسبة المئوية لمجموع عدد الأسئلة في كل منها.

الجدول (3)

جدول مواصفات اختبار التذوق الأدبي

المستوى / المحتوى	الفهم	التطبيق	التحليل	التركيب	التقويم	المجموع
طرائق النظم - الفقرات		24	26،25 30،29	15،14	12،2 ،20 23،21	12
- النسبة المئوية		3.33%	13.33%	6.66%	16.66%	40%
النظم والتأثير النفسي - الفقرات			17،11		9	3
- النسبة المئوية			6.66%		3.33%	10%
علاقات الكلم - الفقرات	7،1 ،27،19 28		6			6
- النسبة المئوية	16.66%		3.33%			20%

الإيحاءات والمعاني الضمنية - الفقرات	8،5،4،3 16،10		18،13		22	9
- النسبة المئوية	%20		%6.66		%3.33	%30
مجموع الفقرات	11	1	9	2	7	30
- النسبة المئوية	%36.66	%3.33	%30	%6.66	%23.33	%100

- صياغة فقرات الاختبار بصورة أولية، حيث بلغ عددها (30) فقرة من نوع الاختيار من متعدد بأربعة بدائل، من بينها بديل صحيح واحد.

صدق الاختبار:

للتحقق من صدق الاختبار عرض على عدد من الخبراء والمختصين من أساتذة الجامعات، وعلى عدد من الموجهين التربويين، والأعضاء العاملين في مركز تطوير المناهج و الكتب، وعلى بعض معلمي اللغة العربية ومعلماتها ممن يعلمون الصف العاشر في منطقة الشارقة التعليمية الملحق (9)؛ لإبداء رأيهم في مدى وضوح صياغة فقرات الاختبار، وملاءمتها لمستويات الطلبة، ومدى ارتباط البدائل بأرومة السؤال وبمؤشرات التذوق. وفي ضوء تلك الملاحظات تم تعديل أرومات بعض الفقرات، وحذف فقرات لا تلائم مستويات الطلبة، وتغيير بعض البدائل الضعيفة الارتباط بأرومتها.

ثبات الاختبار:

للتحقق من ثبات الاختبار طبق على عينة استطلاعية من خارج عينة الدراسة، تكونت من (30) طالبا، من طلاب الصف العاشر، ومن خلال هذا التطبيق تم تقدير الزمن الملائم للاختبار وذلك بحساب معدل الزمن الذي استغرقه أول طالب خرج من الاختبار وهو (30) دقيقة، والزمن الذي استغرقه آخر طالب خرج من الاختبار وهو (50) دقيقة، وبذلك يكون معدل الزمن اللازم للاختبار (40) دقيقة، ثم صحح الباحث إجابات العينة الاستطلاعية، بعد ذلك استخرج معامل الصعوبة والتمييز لكل فقرة، وتراوحت درجات الصعوبة للاختبار في وضعه النهائي ما بين: (0.30) و(0.73)، وتراوحت معاملات التمييز له ما بين: (0.25) و (0.88)، وبلغ معامل ثبات الاختبار في وضعه النهائي (0.86)، واستخدمت في استخراجه معادلة التوافق الداخلي : (K. R. 20). ويبين الملحق (7) معاملات الصعوبة والتمييز لكل فقرة من فقرات الاختبار، كما يبين الملحق (8) الإجابات النموذجية لتلك الفقرات.

البرنامج التعليمي:

يتكون البرنامج من مادة تعليمية منظمة تتألف من ثلاث وحدات دراسية متدرجة في كتاب المعارف الأدبية المقرر على طلبة الصف العاشر، ويشتمل على مجموعة من المهارات والنشاطات والتدريبات والوسائط التعليمية وأدوات التقويم، بهدف تحقيق غرض هذه الدراسة لدى أفراد المجموعة التجريبية.

مسوغات بناء البرنامج:

- **ضعف الطلبة في مهارات استيعاب المعنى والتذوق الأدبي.**
- **الحاجة الماسة إلى توظيف المعارف الأدبية في خدمة المهارات اللغوية.**
- **قصور الصياغة اللغوية عن تمكين الطلبة من تقدير معاني الكلمات تبعا لمواقعها في سياق الكلام.**

- الحاجـة إلى تعليـم المفـردات ومعانيهـا في إطـار أنسـاق لغويـة مترابطـة، يكـون فيهـا للسياق العام أثرٌ بارز في فهم المعنى والتذوق الأدبي، عوضا عن تقديمها بطرق مفككة ومجتزأة بعيدة عن الروح التي تسري في كيان النص.
- كوْن نظرية النظم تتيح للقارئ فرصة التغلغل في أعماق النص الأدبي، وتغريه بتخطي مرحلة الوقوف عند ظواهر اللفظ إلى مرحلة إدراك العلاقات بين الألفاظ.
- ارتباط نظرية النظم بالعامل النفسي في عملية إنتاج الكلام يفتح أمام المتعلم مغـاليق النص الأدبي، ويجعله قادرا على تحليل معانيه، وتعليل تذوقه له.
- اقتصار المعلمـين عـلى الاكتفـاء بقرينـة العلامـة الإعرابيـة في تحديـد معـاني الكلـمات وإغفالهم لتضافر القرائن اللغوية الأخرى.
- طرائق التدريس التي يمارسها معظم المعلمين في الميدان التربوي مـا تـزال قـاصرة عـن تحقيق أهداف تعليم اللغة، فهم يجرعونها للطلبة تجريعاً عقيماً عوضـاً عـن تعليمهـا لهم لسان أمة ولغة حياة بطرائق محببة تيسر لهم سبل تعلمها.
- توصيات الدراسات السابقة التي ركزت على مهارتي الاستيعاب والتذوق الأدبي، وضـآلة عدد الدراسات التي تناولت أثر نظرية النظم في تنمية هاتين المهارتين.

أسس بناء البرنامج:

روعيتْ عند بناء هذا البرنامج الأسس الآتية:

- تحديد أهداف تناسب المرحلة العمرية والمستوى النمائي للطلبة.
- مراعاة ميول الطلبة واتجاهاتهم في النشاطات التـي تقـدم لهـم، لتحقيـق أكـبر درجـة ممكنة من التفاعل معها.

- توخي معاني النحو والإعراب عند الصياغة اللغوية، وتعليق الكلمات بعضها ببعض، ووضعها في مواضعها، وضم بعضها إلى بعض بطريقة مخصوصة، كركائز تقوم عليها نظرية النظم.
- مراعاة السياق والموقع في الكتابة، وترتيب المعاني في النفس قبل ترتيبها في النطق.
- تحليل النص الأدبي، والتغلغل في أعماقه، وإدراك العلاقات بين ألفاظه، واستقصاء معانيه، وتقديم العلل، وبيان أسباب الاستمتاع به.
- ربط عامل النظم بالعامل النفسي عند إعداد نشاطات البرنامج وتدريباته، لتنمية الحس والاستمتاع، وتقديم تلك النشاطات والتدريبات بشكل متسلسل وبنائي، تمشيا مع مبادئ نظريات التعليم والتعلم.
- ربط الخبرات السابقة لدى الطلبة بالمعلومات الجديدة، لتسهيل استيعابها وتذوقها، والتوصل من خلالها إلى استنتاجات جديدة.
- إعطاء أدوار كبيرة للطلبة في التعامل مع محتوى البرنامج ونشاطاته وتدريباته، وذلك من خلال استراتيجيتي التعلم التعاوني والمناقشة الموجهة، وشحنهم بالحفز والتعزيز لمواصلة التعلم.
- تنويع النشاطات التعليمية بشكل يضمن مراعاة الفروق الفردية بين الطلبة.
- توفير التغذية الراجعة المناسبة لتثبيت مهارتي استيعاب المعنى والتذوق الأدبي وترسيخهما لدى الطلبة.

مكونات البرنامج:

أولا: الأهداف:

يتوقع من الطالب بعد تطبيق البرنامج وتنفيذ نشاطاته أنْ:

- يطور قدراته على استيعاب مضامين النصوص الأدبية.
- يبني معرفة لغوية تتصل بتاريخ الأدب العربي القديم والمعاصر.

- **يوظف المعرفة اللغوية في فهم النصوص الأدبية بالسياق التاريخي لها.**
- **يبني معرفة تتصل بالتذوق الأدبي تعينه على فهم النصوص وتصنيفها وتقويمها.**
- **يتمكن من تفسير الظواهر الأدبية والوقوف على أسبابها ونتائجها.**
- **يعتاد دقة الملاحظة ودقة التعبير وحسن العرض.**
- **يظهر إعجابه بالإعجاز اللغوي للقرآن الكريم، ويقبل على تلاوته وتدبر آياته.**
- **تنمو لديه اتجاهات إيجابية نحو اللغة العربية، وجمالياتها فيتخذها لغة حياة.**
- **يقدر إبداعات الآخرين حق قدرها، ويبدي الاحترام لأصحابها.**

ثانيا: المحتوى التعليمي:

يمثل المحتوى التعليمي للمعارف الأدبية عاملا مهماً في تنمية مهارتي استيعاب المعنى والتذوق الأدبي، لذلك وقع اختيار الباحث على الوحدات: الأولى والثانية والثالثة منْ كتاب (المعارف الأدبية) للصف العاشر، وهي:

العلم والتقانة، أسرار الطبيعة، وآفاق المكان، وتتضمن مجتمعة عددا من النشاطات التي أعدتْ وفق نظرية النظم، وتراعي ميول الطلبة ومستويات نمائهم، وتتناسب مع خبراتهم السابقة، وصممتْ بصورة متسلسلة بحيث تراعي التدرج والتكامل، وتغطي في مجملها مهارات الاستيعاب والتذوق الأدبي، ويتوزع تنفيذها على خمس عشرة حصة دراسية.

والنصوص الموجودة في الوحدات التعليمية الثلاث هي نصوص قرآنية، ونصوص نثرية، ونصوص من شعر التفعيلة والشعر الجاهلي، والجدول (4) يبين عنوانات الوحدات التعليمية، وعنوانات موضوعاتها، وعدد الحصص المقدرة لكل وحدة.

الجدول (4)

الوحدات التعليمية وموضوعاتها والحصص المقررة لها

عنوان الوحدة	موضوعها	عدد الحصص
العلم والتقانة	العلم في الإسلام، سورة فاطر (19 - 28)	3
	قصة قصيرة، (رحلة صيف) لمحمود تيمور.	3
أسرار الطبيعة	من مشاهد الطبيعة في القرآن سورة النحل (10 - 18)	3
	من شعر التفعيلة، الشيخ ربيع لنازك الملائكة.	3
آفاق المكان	من الأدب الجاهلي، الطلل والرحلة لعبيد بن الأبرص.	3

ثالثا: استراتيجيات التعلم والتعليم:

لتحقيق أهداف البرنامج وإكساب الطلبة مهارات استيعاب المعنى والتذوق الأدبي اعتمد الباحث استراتيجيتي المناقشة الموجهة، والتعلم التعاوني كإطارين يشتملان على نشاطات وتدريبات تعليمية منوعة، من نوع التفريق بين الحقيقة والرأي، والحقيقة والمجاز، والربط بين النتائج والأسباب، والتقديم والتأخير وضبط الكلمات واستنتاج الحقائق والأفكار والتقويم وإبداء الرأي، واختيار عنوانات جديدة، والمفاضلة بين الصياغات، والبحث في العلاقات، واستنتاج المعنى من السياق العام، وتعرف القرائن التي تدل على المعنى، وتوظيف المفردات في سياقات جديدة، ومراعاة المقام وغيرها، وكلها أعدتْ وفق نظرية النظم لعبد القاهر الجرجاني.

رابعا: الوسائل التعليمية:

للمساعدة في تنفيذ نشاطات البرنامج التعليمي وتدريباته، وتحقيق أعلى درجة من المشاركة الصفية اعتمد الباحث عددا من الوسائل التعليمية لتوظيفها أثناء تطبيق البرنامج، وهي: الكتاب المدرسي والمعاجم اللغوية للمساعدة في تعرف المعاني المعجمية

لبعض المفردات، والسبورة، وأوراق العمل التي تضمنتْ تدريبات ونشاطات منوعة، وجهاز عرض الشفافيات لعرض بعض الآيات الكريمة والنصوص الشعرية، والمسجل الصوتي الذي استخدم في تعليم التلاوة والإلقاء الشعري.

خامسا: أساليب التقويم وإجراءاته:

للتحقق من فاعلية البرنامج التعليمي، وتحقيق الأهداف التي وضع من أجلها، ومدى تقدم الطلبة وبلوغهم تلك الأهداف أجرى الباحث قياسا قبليا لتحديد مستوى الطلبة، وللوقوف على نقاط القوة ونقاط الضعف لديهم، مستخدما اختباري الاستيعاب والتذوق الأدبي. وفي أثناء تطبيق البرنامج اعتمد التقويم التكويني من خلال الأسئلة الشفوية والمكتوبة، وأوراق العمل والملاحظة المباشرة، وكان لا يتم الانتقال من درس إلى آخر إلا بعد الانتهاء من نشاطاته وإتقان مهاراته، وبعد الانتهاء من تطبيق البرنامج أجرى تقويما ختاميا بإعادة تطبيق اختباري استيعاب المعنى والتذوق الأدبي اللذين طبقا في الاختبار القبلي، وإجراء التحليل الإحصائي اللازم للمقارنة بين النتائج.

صدق البرنامج:

للتحقق من صدق المحتوى التعليمي في البرنامج وقدرته على تحسين مستوى مهارات الاستيعاب والتذوق الأدبي لدى أفراد المجموعة التجريبية عرض على هيئة المحكمين من ذوي الاختصاص، شملتْ عددا من أساتذة الجامعات و بعض الموجهين التربويين، والأعضاء العاملين في مركز تطوير المناهج، وبعض معلمي اللغة العربية ومعلماتها ممن يعلمون الصف العاشر في منطقة الشارقة التعليمية الملحق (9)؛ وذلك بغية التحقق من البناء الفني للبرنامج، وتكامل عناصره، ومدى ارتباطه بالأهداف التي وضع من أجلها، وإبداء آرائهم بمدى وضوح صياغة محتوى البرنامج من استراتيجيات تعليمية، ونشاطات تدريبية، وأوراق عمل، ومدى ملاءمتها لمستوى طلبة الصف العاشر، واعتبر ذلك بمثابة الصدق الظاهري لمحتوى البرنامج.

المستهدفون بالبرنامج:

يستهدف هذا البرنامج طلبة مرحلة التعليم الثانوي في الإمارات العربية المتحدة، ويطبق بشكل مباشر على عينة من طلبة الصف العاشر الذي يمثل الصف الأول من الحلقة الثالثة.

زمن تنفيذ البرنامج:

تم تنفيذ هذا البرنامج في خمس عشرة حصة درسية، والجدول (5) يوضح المدى الزمني الذي نفذتْ فيه.

الجدول (5)

الخطة الزمنية للبرنامج التعليمي

الوحدة	عدد الحصص - مدة كل حصة ساعة	فترة التنفيذ
الأولى	6	من8/26 إلى9/13 /2007
الثانية	6	من9/16 إلى2007/10/4
الثالثة	3	من10/7إلى 2007/10/18

دليل المعلم:

لتحقيق أهداف الدراسة ولضمان درجة عالية من الإتقان أعد الباحث دليلا للمعلم يتضمن أهداف البرنامج ومحتواه، وعدد الحصص والساعات اللازمة لتنفيذه، واستراتيجيات التنفيذ، والخطط الدرسية، والنشاطات وأوراق العمل، ووصفا للوسائل التعليمية، وقد اتبع الباحث في إعداده الخطوات الآتية:

- تحديد الوحدات الدراسية التي يغطيها البرنامج التعليمي القائم على نظرية النظم.
- تحليل محتوى تلك الوحدات وتحديد نتاجات التعلم لكل نص من نصوصها.
- تحديد أهداف البرنامج التعليمي، والأهداف السلوكية لكل درس من دروسه.
- تحديد الاستراتيجيات التعليمية والوسائل التعليمية المعينة.
- وصف النشاطات والتدريبات القائمة على نظرية النظم وتحديد الإجابات الصحيحة لكل منها.
- إعداد الخطط الدرسية لكل دروس الوحدات المقررة في البرنامج.
- وضع الإرشادات والتعليمات اللازمة لضمان عملية التنفيذ.
- عرض الدليل على منفذي البرنامج، للاطلاع، وإبداء الرأي في مدى وضوح الخطط والخطوات والنشاطات والتدريبات، وأدوار المعلم الطالب.
- التقى الباحث منفذي البرنامج لمناقشة وجهات نظرهما وملاحظاتهما، وفي ضوئها تم تلافي بعض الأخطاء، وتوضيح بعض الخطوات، والرد على بعض الاستفسارات التي قدماها.

تصميم الدراسة:

تشتمل هذه الدراسة على المتغيرات الآتية:

المتغير المستقل: البرنامج التعليمي، وله مستويان:

- البرنامج التعليمي الذي أعده الباحث وفقا لنظرية النظم.
- البرنامج التعليمي الاعتيادي.

المتغير التابع: وله مستويان.

- مهارات استيعاب المعنى.

- مهارات التذوق الأدبي.

المتغير التصنيفي: الجنس، وهو مستويان:

- ذكور.
- إناث.

ويمكن التعبير عن تصميم الدراسة بالرموز على النحو الآتي:

EG: O1 O2 X1 O1 O2

CG: O1 O2 xo O1 O2

حيث إن:

EG : المجموعة التجريبية.

O1: اختبار استيعاب المعنى القبلي والبعدي.

O2: اختبار التذوق الأدبي القبلي والبعدي.

X1: المعالجة التجريبية (البرنامج).

X0: المعالجة الاعتيادية.

CG : المجموعة الضابطة.

المعالجات الإحصائية:

للإجابة عن أسئلة الدراسة وللتحقق من صحة فرضياتها استخدمت الأدوات الإحصائية الآتية:

- المتوسطات الحسابية، والانحرافات المعيارية للمقارنة بين أداء المجموعتين التجريبية والضابطة على الاختبار البعدي لاستيعاب المعنى والتذوق الأدبي، كل على انفراد.
- تحليل التغاير الثنائي (Ancova)، لاختبار التفاعل ما بين الجنس والمجموعة، وللمقارنة ما بين المجموعتين.

الفصل الرابع

نتائج الدراسة ومناقشتها

الفصل الرابع

نتائج الدراسة ومناقشتها

يتناول هذا الفصل النتائج التي توصلتْ إليها الدراسة، وذلك بالإجابة عن أسئلتها، والتحقق من صدق فرضياتها، ثم مناقشة تحليلة لتلك النتائج، وعددا من التوصيات والاقتراحات:

أولا: النتائج المتعلقة بالسؤالين الأول والثاني:

ينص السؤال الأول على ما يأتي: هل هناك اختلاف في تنمية مهارات استيعاب المعنى لدى طلبة المرحلة الثانوية في الإمارات العربية المتحدة يعزى إلى نوع البرنامج (البرنامج القائم على نظرية النظم والبرنامج الاعتيادي)؟.

وينص السؤال الثاني على ما يأتي: هل هناك أثر للتفاعل بين البرنامج القائم على نظرية النظم والجنس في تنمية مهارات استيعاب المعنى لدى طلبة المرحلة الثانوية في دولة الإمارات العربية المتحدة؟.

وللإجابة عن هذين السؤالين استخرجت المتوسطات الحسابية، والانحرافات المعيارية، لدرجات الطلبة على اختبار استيعاب المعنى البعدي لمجموعتي الدراسة التجريبية والضابطة ذكورا وإناثا حسب نوع البرنامج، والجدول (6) يوضح ذلك.

الجدول (6)

المتوسطات الحسابية والانحرافات المعيارية لاختبار استيعاب المعنى البعدي موزعة حسب متغير الجنس في كل مجموعة

المجموعة	الجنس	المتوسط الحسابي	الانحراف المعياري
تجريبية	ذكر	28.10	5.82
	انثى	25.10	6.96
الكلي للتجريبية		26.60	6.53
ضابطة	ذكر	20.97	5.29
	انثى	20.83	5.52
الكلي للضابطة		20.90	5.36

يلاحظ من الجدول (6) أن المتوسط الحسابي الكلي لأداء أفراد المجموعة التجريبية على اختبار استيعاب المعنى البعدي الذين تعلموا مادة المعارف الأدبية وفقا للبرنامج التعليمي القائم على نظرية النظم للجرجاني قد بلغ (26.60)، وهو أعلى من المتوسط الحسابي الكلي لأفراد المجموعة الضابطة الذين تعلموا المادة ذاتها وفقا للبرنامج الاعتيادي، والذي بلغ (20.90).

ولمعرفة ما إذا كانت المتوسطات الحسابية ذات دلالة إحصائية عند مستوى ($= 0,05\alpha$) فقد استخدم تحليل التغاير الثنائي (Ancova) لاختبار استيعاب المعنى البعدي، وفقا لمتغيري المجموعة (البرنامج) والجنس، لاستخراج متوسط المربعات، وقيمة (ف)، ومستوى الدلالة، والجدول (7) يبين ذلك.

الجدول (7)

نتائج تحليل التغاير الثنائي لاختبار استيعاب المعنى البعدي تبعا لمتغيري المجموعة والجنس

مصدر التباين	مجموع المربعات	درجات الحرية	متوسط المربعات	قيمة ف	مستوى الدلالة
القبلي	2876.64	1	2876.64	265.45	0.000
الجنس	8.33	1	8.33	0.77	0.38
المجموعة	628.98	1	628.98	58.04	0.00
الجنس * المجموعة	10.84	1	10.84	1.00	0.32
الخطأ	1267.90	117	10.84		
الكلي	74167.00	121			

يتضح من الجدول (7) أن هناك فروقا ذات دلالة إحصائية عند مستوى (= 0.05α) في مستوى استيعاب المعنى تعزى إلى أثر البرنامج التعليمي، فقد بلغت قيمة (ف) (58.04)، وتعد هذه القيمة دالة إحصائيا، إذ بلغ مستوى دلالتها (0.00)، وهذا المستوى من الدلالة أقل من (0.05)، مما يعني وجود فرق بين البرنامجين (المجموعتين): البرنامج القائم على نظرية النظم للجرجاني والبرنامج الاعتيادي، حيث كانت الدلالة لصالح المجموعة التجريبية التي بلغ متوسطها الكلي (26.60)، بمقابل المجموعة الضابطة التي بلغ متوسطها الكلي (20.90). وبهذا ترفض الفرضية الصفرية الأولى.

وفيما يتعلق بقيمة (ف) المحسوبة للتفاعل ما بين الجنس والمجموعة (البرنامج) فقد بلغت (1.00)، وتعد هذه القيمة غير دالة من الناحية الإحصائية، حيث بلغ مستوى دلالتها (0.32)، وهي قيمة أعلى من القيمة (0.05)، بمعنى أنه لا يوجد أثر للتفاعل ما بين الجنس والبرنامج التعليمي في اختبار استيعاب المعنى البعدي. وبهذا تقبل الفرضية الصفرية الثانية.

ثانيا: النتائج المتعلقة بالسؤالين الثالث والرابع:

ينص السؤال الثالث على ما يأتي: هل هناك اختلاف في تنمية مهارات التذوق الأدبي لدى طلبة المرحلة الثانوية في الإمارات العربية المتحدة يعزى إلى نوع البرنامج (البرنامج القائم على نظرية النظم والبرنامج الاعتيادي)؟.

وينص السؤال الرابع على ما يأتي: هل هناك أثر للتفاعل بين البرنامج القائم على نظرية النظم والجنس في تنمية مهارات التذوق الأدبي لدى طلبة المرحلة الثانوية في الإمارات العربية المتحدة؟.

وللإجابة عن هذين السؤالين استخرجتْ المتوسطات الحسابية، والانحرافات المعيارية، لدرجات الطلبة على اختبار التذوق الأدبي البعدي لكلتا المجموعتين التجريبية والضابطة ذكورا وإناثا، كما هو مبين في الجدول (8).

الجدول (8)

المتوسطات الحسابية والانحرافات المعيارية لاختبار التذوق الأدبي البعدي موزعة حسب متغير الجنس في كل مجموعة

الجنس	المجموعة	المتوسط الحسابي	الانحراف المعياري
تجريبية	ذكر	18.26	4.56
	انثى	19.37	5.22
الكلي للتجريبية		18.80	4.88
ضابطة	ذكر	15.93	4.48
	انثى	16.27	4.83
الكلي للضابطة		16.10	4.62

يلاحظ من الجدول (8) أن المتوسط الحسابي الكلي لأداء أفراد المجموعة التجريبية على اختبار التذوق الأدبي البعدي الذين تعلموا مادة المعارف الأدبية وفقا للبرنامج التعليمي القائم على نظرية النظم للجرجاني قد بلغ (18.80)، وهو أعلى من المتوسط الحسابي الكلي لأفراد المجموعة الضابطة الذين تعلموا المادة ذاتها وفقا للبرنامج الاعتيادي، والذي بلغ (16.10).

ولمعرفة ما إذا كانت المتوسطات الحسابية ذات دلالة إحصائية عند مستوى ($= \alpha 0,05$ 0) فقد استخدم تحليل التغاير الثنائي (Ancova) لاختبار التذوق الأدبي البعدي وفقا لمتغيري المجموعة (البرنامج) والجنس، لاستخراج متوسط المربعات، وقيمة (ف)، ومستوى الدلالة، كما هو مبين في الجدول (9).

الجدول (9)

نتائج تحليل التغاير الثنائي لاختبار التذوق البعدي تبعا لمتغيري المجموعة والجنس

مصدر التباين	مجموع المربعات	درجات الحرية	متوسط المربعات	قيمة ف	مستوى الدلالة
القبلي	1820.44	1	1820.44	243.08	0.000
الجنس	7.73	1	7.73	1.03	0.31
المجموعة	172.36	1	172.36	23.01	0.00
الجنس * المجموعة	7.45	1	7.45	0.99	0.32
الخطأ	876.20	117	7.49		
الكلي	40093.00	121			

يتضح من الجدول (9) أن هناك فروقا ذات دلالة إحصائية عند مستوى (0,05α = 0) في مستوى التذوق الأدبي تعزى إلى أثر البرنامج التعليمي، فقد بلغت قيمة (ف) (23.01). وتعد هذه القيمة دالة إحصائيا، إذ بلغ مستوى دلالتها (0.00)، وهذا المستوى من الدلالة أقل من (0.05)، مما يعني وجود فرق بين المجموعتين (البرنامجين): البرنامج القائم على نظرية النظم للجرجاني والبرنامج الاعتيادي، حيث كانت الدلالة لصالح المجموعة التجريبية التي بلغ متوسطها الكلي (18.80)، بمقابل المجموعة الضابطة والتي بلغ متوسطها الكلي (16.10). وبهذا ترفض الفرضية الصفرية الثالثة.

وفيما يتعلق بقيمة (ف) المحسوبة للتفاعل ما بين الجنس والمجموعة (البرنامج) فقد بلغت (0.99)، وتعد هذه القيمة غير دالة من الناحية الإحصائية، حيث بلغ

مستوى دلالتها (0.32)، وهي قيمة أعلى من القيمة (0.05)، بمعنى أنه لا يوجد أثر للتفاعل ما بين الجنس والبرنامج التعليمي في اختبار التذوق الأدبي البعدي. وبهذا تقبل الفرضية الصفرية الرابعة.

مناقشة النتائج المتعلقة بالسؤال الأول:

أظهرت نتائج تحليل التغاير الثنائي أن: المتوسط الحسابي الكلي لذكور وإناث المجموعة التجريبية (26.60)، و المتوسط الحسابي الكلي لذكور وإناث المجموعة الضابطة (20.90). وهذا التحليل يشير إلى وجود فرق ذي دلالة إحصائية بين أداء مجموعتي الدراسة، وأن هذا الفرق كان لصالح المجموعة التجريبية التي درس أفرادها مادة المعارف الأدبية بالبرنامج التعليمي الذي أعده الباحث وفق نظرية النظم للجرجاني مقارنة بالمجموعة الضابطة التي درس أفرادها بالبرنامج الاعتيادي، وهي نتيجة تدل على فاعلية البرنامج القائم على نظرية النظم في تنمية مهارات استيعاب المعنى لدى الطلبة، وتكسبه أهمية تميزه عن البرنامج الاعتيادي، وهذه النتيجة تدعو إلى رفض الفرضية الصفرية الأولى.

ويرى الباحث أن هذه النتيجة يمكن عزوها إلى أن البرنامج التعليمي المعد وفق نظرية النظم، قدم لأفراد المجموعة التجريبية نشاطات وتدريبات نوعية، تقوم على التفريق بين معاني الكلمة الواحدة بضمها إلى غيرها من الكلمات بطريقة مخصوصة، وتدريبهم على التغلغل في أعماق النص، وإدراك العلاقات بين الكلمات، وعدم الاكتفاء بمجرد الوقوف عند ظواهر الكلم، واستنتاج الدلالات والمعاني الضمنية من السياق العام، واستنتاج المحذوف بمساعدة المصاحبات اللغوية، وربط النتائج بالأسباب، وتعليل بعض ظواهر النظم كالتقديم والتأخير، والإثبات والحذف، والتكرار، والوصل والفصل، وغيرها، وربما كانت مضامين هذه النشاطات أكثر قدرة على إحداث التفاعل المطلوب مع الخبرات السابقة التي يمتلكها أفراد المجموعة التجريبية، مما أدى إلى تطور مهارات الاستيعاب لديهم بشكل ملحوظ.

ويذهب الباحث في اعتقاده إلى أن تفوق المجموعة التجريبية ربما يعزى إلى طبيعة الأدوار التي أتاحتها نشاطات البرنامج التعليمي القائم على نظرية النظم، وتوزعت فيها بشكل تفاعلي بين المعلم والطلبة، وبين الطلبة والمعلم، وبين الطلبة أنفسهم، وإلى ما تخللها من أسئلة وإجابات، وكلمات مفتاحية وتعليقات، ركزت كلها على العلاقات القائمة بين الكلمات والجمل، مما أكسب طلبة المجموعة التجريبية قدرة على تقصي معاني النصوص التي درسوها، وسبْر أغوارها، والإحاطة بخفاياها، وعمق لديهم عملية استيعابها وفهمها.

وربما تكون نشاطات البرنامج قد أعطت أفراد المجموعة التجريبية دورا أكبر في المشاركة الصفية، وهي مشاركة تشعر المتعلم بأهمية دوره في الموقف التعليمي، وتكسبه مزيدا من الثقة بنفسه، وتمنحه الشجاعة للاستفسار عما ينغلق عليه من معان، والمبادرة للإجابة عما يثار حوله من أسئلة، فيتمكن من استيعاب معاني النصوص التي يتعلمها استيعابا راسخا.

وتتفق نتائج هذه الدراسة مع دراسة كل من: خاقو (1997) التي أشارتْ نتائجها إلى تفوق طلاب المجموعة التجريبية الذين درسوا المهارات النحوية بالبرنامج المقترح وفق نظرية النظم للجرجاني، وحلمي (1994)، التي دلت نتائجها على تفوق الطلبة الذين درسوا المهارات اللغوية باستخدام البرنامج التعليمي المعد وفق نظرية النظم، وأبي موسى (1974)، التي أظهرت أن زيادة خبرة المتعلم بالسياق اللغوي تزيد في إدراكه لموضع الشاهد وتفاعله معه.

مناقشة النتائج المتعلقة بالسؤال الثاني:

بالنظر إلى تحليل النتائج يتضح عدم وجود فرق ذي دلالة إحصائية عند مستوى (= 0,05α) يعزى إلى تفاعل الجنس ونوع البرنامج، إذ بلغت قيمة (ف) للتفاعل ما بين الجنس والمجموعة (البرنامج) (1.00)، وتعد هذه القيمة غير دالة من الناحية الإحصائية، حيث بلغ مستوى دلالتها (0.32)، وهي قيمة أعلى من القيمة (0.05).

بمعنى أنه لا يوجد أثر للتفاعل ما بين الجنس والبرنامج التعليمي في اختبار استيعاب المعنى البعدي، وهذه النتيجة تدعو إلى قبول الفرضية الصفرية الثانية.

ويرى الباحث أن هذه النتيجة يمكن عزوها إلى تشابه الظروف الاجتماعية والاقتصادية والبيئية والمرحلة العمرية للطلاب والطالبات، التي ربما جعلتهم يتعلمون بالقدر نفسه، وبالنتيجة لم يظهر فرق ذو دلالة إحصائية يعزى إلى التفاعل بين الجنس والمجموعة (البرنامج) في نتيجة الاختبار المذكور.

ويذهب الباحث في تفسيره لتقارب نتائج ذكور وإناث المجموعة التجريبية في اختبار استيعاب المعنى البعدي إلى الاعتقاد بأن تزويد المعلم والمعلمة المنفذين للبرنامج بإجابات نموذجية موحدة لجميع نشاطات البرنامج وتدريباته ربما أسهم في تمكين أفراد المجموعة التجريبية ذكورا وإناثا من استيعاب الخبرات والمعلومات الكامنة في البرنامج بقدر متشابه، وقد تعزى هذه النتيجة إلى تشابه مؤهلات وخبرات المعلم والمعلمة المنفذين للبرنامج، وإلى تقيدهما التام بالبرنامج التعليمي، وبتعليمات تنفيذه.

مناقشة النتائج المتعلقة بالسؤال الثالث:

أظهرت نتائج تحليل التغاير الثنائي لأداء الطلبة على اختبار التذوق الأدبي البعدي أن المتوسط الحسابي الكلي لذكور وإناث المجموعة التجريبية بلغ (18.80)، وأن المتوسط الحسابي الكلي لذكور وإناث المجموعة الضابطة بلغ (16.10)، وهذا التحليل يشير إلى وجود فرق ذي دلالة إحصائية بين أداء مجموعتي الدراسة، وأن هذا الفرق كان لصالح المجموعة التجريبية التي درس أفرادها مادة المعارف الأدبية بالبرنامج التعليمي الذي أعده الباحث وفق نظرية النظم للجرجاني، مقارنة بالمجموعة الضابطة التي درس أفرادها المادة ذاتها بالبرنامج الاعتيادي، وهي نتيجة تدل على فاعلية البرنامج القائم على نظرية النظم في تنمية مهارات التذوق الأدبي لدى الطلبة، وتكسبه أهمية تميزه عن البرنامج الاعتيادي المقابل له في هذه الدراسة، وهذه النتيجة تدعو إلى رفض الفرضية الصفرية الثالثة.

لقد تزود أفراد المجموعة التجريبية من البرنامج التعليمي القائم على نظرية النظم بأهداف ونشاطات وتدريبات ساعدتهم على تنمية مهارات التذوق الأدبي لديهم، مثل: التفريق بين أنواع الأساليب، والموازنة بين معاني الكلمة الواحدة في سياقات مختلفة، والمفاضلة بين التراكيب والجمل، وتعليل ذلك، وتقدير الكلام المحذوف من النظم، وتعليل الحذف، وتحليل الصور البيانية وتعرف مكوناتها، واستنتاج الإيحاءات والظلال لبعض الكلمات، والتعبير عن الرأي بعبارات فصيحة وجميلة، ويعتقد الباحث أن هذا كله ربما يكون عاملا مهما في تفوق أفراد المجموعة التجريبية في اختبار التذوق الأدبي البعدي، مقارنة بنتيجة أقرانهم أفراد المجموعة الضابطة في الاختبار ذاته.

وربما تكون الصياغة اللغوية التي صيغت بها نشاطات البرنامج وتدريباته، و حسن مجاورة الكلمات لبعضها، والتنوع في أساليب النظم بين التقديم والتأخير، والوصل والفصل، والإظهار والإضمار، والتعريف والتنكير والتكرار، ربما يكون ذلك كله ذا أثر بين في ظهور هذا الفرق الدال إحصائيا بين نتائج أفراد المجموعتين، بل ربما أثرى هذا التنوع خبرات الطلبة الدارسين بالبرنامج، ووفر لهم فرصة للتفاعل والمشاركة الصفية، عززتْ ثقتهم بأنفسهم، وأشعرتهم بالرضا عن قدراتهم في التعبير عن وجهات نظرهم بعبارات يتجلى فيها التذوق الأدبي بصورة واضحة.

ويذهب الباحث في تحليله إلى أن البرنامج التعليمي القائم على نظرية النظم ربما وفر أيضا لأفراد المجموعة التجريبية فرصة لدراسة الشواهد البلاغية في سياقات أدبية مترابطة، ونمى فيهم إمكانية التأمل والموازنة والربط بين وحدات النص الأدبي، وتحليل الصور البلاغية، وساعدهم على التخيل والاستنباط، فصقلتْ أذواقهم، وأرهفتْ أحاسيسهم، ونمتْ مهارات التذوق الأدبي لديهم.

وتتفق نتائج الدراسة الحالية مع نتائج دراسات: الظهار (2006) التي أشارت إلى أن 92% من طالبات عينة الدراسة قد نمتْ قدراتهن على التذوق البلاغي بعد أن درسن بطريقة الجرجاني في النظم، وأن 85% منهن قد اكتسبن القدرة على تقديم تعليلات مقنعة لكل كلام يستحسنه أو يستقبحنه، والظهار (1996) التي توصلت إلى

أن الطريقة التحليلية القائمة على نظرية النظم للجرجاني ساعدت في تنمية مهارات التذوق الأدبي، و النقد الهادف. وهنداوي (1995) التي أظهرتْ فروقا ذات دلالة إحصائية في مهارات التذوق الأدبي، لصالح أفراد المجموعة التجريبية الذين درسوا وفق نظرية النظم للجرجاني.

مناقشة النتائج المتعلقة بالسؤال الرابع:

بالنظر إلى النتائج المترتبةعلى التفاعل بين البرنامج وجنس الطلبة في تنمية مهارات التذوق يتضح عدم وجود فرق ذي دلالة إحصائية عند مستوى(= 0.05α. 0) يعزى إلى تفاعل الجنس مع نوع البرنامج، إذ بلغت قيمة (ف) المحسوبة للتفاعل ما بين الجنس والمجموعة (البرنامج) (0.99)، وتعد هذه القيمة غير دالة من الناحية الإحصائية، حيث بلغ مستوى دلالتها (0.32)، وهي قيمة أعلى من القيمة (0.05)؛ بمعنى أنه لا يوجد أثر للتفاعل ما بين الجنس والبرنامج التعليمي في اختبار التذوق الأدبي البعدي، وهذا يدعو إلى قبول الفرضية الصفرية الرابعة.

ويرى الباحث أن هذه النتيجة يمكن عزوها إلى أن التذوق الأدبي مهارة إنسانية لا يختص بها الذكور دون الإناث، ولا الإناث دون الذكور، لا سيما أن ظروفهم الاجتماعية والاقتصادية والبيئية ومرحلتهم العمرية متشابهة، كما أن خصائص البرنامج التعليمي الذي درسوا من خلاله، والاستراتيجيات المتبعة في تنفيذه كالمناقشة الموجهة، والتعلم التعاوني، كلها أتاحتْ فرصا متشابهة للذكور والإناث على السواء، زيادة على أن الباحث قد زود المعلم والمعلمة المنفذين للبرنامج بإجابات موحدة لجميع النشاطات والتدريبات التي قدمها البرنامج القائم على نظرية النظم، مما أتاح للذكور والإناث فرصا متكافئة في التعلم.

التوصيات:

في ضوء نتائج الدراسة يوصي الباحث بما يأتي:

- اعتماد البرنامج التعليمي الذي أعده الباحث وفق نظرية النظم وفنونها المختلفة في تعليم مادة المعارف الأدبية لطلبة المرحلة الثانوية.
- زيادة اهتمام القائمين على تأليف كتب مادة اللغة العربية بفنون النظم المختلفة، وتضمين الكثير منها في كتب المعارف الأدبية للمرحلة الثانوية.
- إجراء المزيد من الدراسات على نظرية النظم وفاعليتها، وقياس أثرها في مهارات استيعاب المعنى والتذوق الأدبي في صفوف دراسية أخرى.
- إعداد المزيد من البرامج التعليمية القائمة على نظرية النظم للجرجاني وتوظيفها في تعليم فروع اللغة العربية الأخرى لطلبة المرحلة الثانوية.
- عقد دورات تخصصية وحلقات نقاشية لتعريف معلمي اللغة العربية في المرحلة الثانوية بنظرية النظم وخصائصها الأسلوبية، وتبصيرهم بكيفية توظيفها في تنمية المهارات اللغوية.

الفصل الخامس

البرنامج التعليمي

برنامج تعليمي قائم على نظرية النظم للجرجاني لتنمية مهارات
استيعاب المعنى والتذوق الأدبي لدى طلبة المرحلة الثانوية

الوحدة الأولى

العلم والتقانة

آيات من سورة فاطر 3 حصص

﴿وَمَا يَسْتَوِي الْأَعْمَىٰ وَالْبَصِيرُ ﴿١٩﴾ وَلَا الظُّلُمَاتُ وَلَا النُّورُ ﴿٢٠﴾ وَلَا الظِّلُّ وَلَا الْحَرُورُ ﴿٢١﴾ وَمَا يَسْتَوِي الْأَحْيَاءُ وَلَا الْأَمْوَاتُ ۚ إِنَّ اللَّهَ يُسْمِعُ مَن يَشَاءُ ۖ وَمَا أَنتَ بِمُسْمِعٍ مَّن فِي الْقُبُورِ ﴿٢٢﴾ إِنْ أَنتَ إِلَّا نَذِيرٌ ﴿٢٣﴾ إِنَّا أَرْسَلْنَاكَ بِالْحَقِّ بَشِيرًا وَنَذِيرًا ۚ وَإِن مِّنْ أُمَّةٍ إِلَّا خَلَا فِيهَا نَذِيرٌ ﴿٢٤﴾ وَإِن يُكَذِّبُوكَ فَقَدْ كَذَّبَ الَّذِينَ مِن قَبْلِهِمْ جَاءَتْهُمْ رُسُلُهُم بِالْبَيِّنَاتِ وَبِالزُّبُرِ وَبِالْكِتَابِ الْمُنِيرِ ﴿٢٥﴾ ثُمَّ أَخَذْتُ الَّذِينَ كَفَرُوا ۖ فَكَيْفَ كَانَ نَكِيرِ ﴿٢٦﴾ أَلَمْ تَرَ أَنَّ اللَّهَ أَنزَلَ مِنَ السَّمَاءِ مَاءً فَأَخْرَجْنَا بِهِ ثَمَرَاتٍ مُّخْتَلِفًا أَلْوَانُهَا ۚ وَمِنَ الْجِبَالِ جُدَدٌ بِيضٌ وَحُمْرٌ مُّخْتَلِفٌ أَلْوَانُهَا وَغَرَابِيبُ سُودٌ ﴿٢٧﴾ وَمِنَ النَّاسِ وَالدَّوَابِّ وَالْأَنْعَامِ مُخْتَلِفٌ أَلْوَانُهُ كَذَٰلِكَ ۗ إِنَّمَا يَخْشَى اللَّهَ مِنْ عِبَادِهِ الْعُلَمَاءُ ۗ إِنَّ اللَّهَ عَزِيزٌ غَفُورٌ ﴿٢٨﴾﴾

آيات من سورة فاطر **الحصة الأولى**

النتاجات:

يتوقع منك عزيزي الطالب في نهاية الحصة أن تكون قادرا على أن:

- **تقرأ الآيات الكريمة قراءة جهرية صحيحة.**
- **تحدد الفكرة المحورية في الآيات.**
- **تضع عنوانات مناسبة لمعنى الآيات.**
- **تستخرج من الآيات الكريمة:**

  كلمات متضادة في المعنى.

  أسلوبا إنشائيا.
- **تتعرف الأسباب التي أدت إلى النتائج.**
- **تتدبر نصاً قرآنياً، وتتعرف أساليب النظم فيه.**
- **تشعر بمخافة الله، وتخشى يوم الحساب.**

عزيزي الطالب، عزيزتي الطالبة:

شارك في المناقشة:

- **ما الذي يساعد الناس في الوصول إلى أعمالهم ومدارسهم يوميا بسهولة ويسر؟**
- **كيف يمكنك أن تستطلع أخبار العالم وما يدور فيه من أحداث وأنت في منزلك؟**
- **لماذا أصبحت الأدوية ووسائل العلاج ميسورة وسهلة التناول بين بني البشر؟**

القراءة الصامتة:

اقرأ النص قراءة صامتة، وأجب عن الأسئلة التي تلي القراءة:

- **ما الذي تتحدث عنه الآيات الكريمات؟**
- **ضع عنوانا يناسب موضوع الآيات؟**
- **ما الأجهزة الجسدية التي من الله بها على الإنسان ليتلقى بها العلم؟**

القراءة الجهرية:

استمع إلى تلاوة المعلم للآيات الكريمات، ثم حاول محاكاة تلاوته مراعيا قواعد التلاوة.

(يمكنك الاستعانة في ضبط أواخر الكلمات بالموقع الإعرابي لكل منها).

ورقة العمل (1)

أعزائي الطلبة:

تأملوا الآيات الكريمات صفحة (9) في كتاب المعارف الأدبية، ثم تعاونوا على استخراج:

أ- كلمات متضادة في المعنى.

الكلمة	ضدها

التضاد في المعنى نوع من المحسنات البديعية يسمى:......................

ب- أسلوب إنشائي، واذكر نوعه:

الأسلوب الإنشائي	نوعه

ورقة العمل (2)

أعزائي الطلبة:

عودوا إلى الآيات الكريمات، ثم تعاونوا في البحث عن الأسباب التي أدت إلى النتائج الآتية:

النتيجة	السبب
- أخذ الله الذين كفروا بالعذاب	
- خروج الثمرات المختلفة الألوان.	

تأملوا الآيتين الكريمتين الآتيتين:

﴿ وَمَن يُسْلِمْ وَجْهَهُۥٓ إِلَى ٱللَّهِ وَهُوَ مُحْسِنٌ فَقَدِ ٱسْتَمْسَكَ بِٱلْعُرْوَةِ ٱلْوُثْقَىٰ ۗ وَإِلَى ٱللَّهِ عَٰقِبَةُ ٱلْأُمُورِ ﴿٢٢﴾ ﴾ (لقمان 33)

﴿ وَٱتَّقُوا۟ يَوْمًا تُرْجَعُونَ فِيهِ إِلَى ٱللَّهِ ۖ ثُمَّ تُوَفَّىٰ كُلُّ نَفْسٍ مَّا كَسَبَتْ وَهُمْ لَا يُظْلَمُونَ ﴾ (البقرة 281)

شاركوا في المناقشة الآتية:

المعلم: تأملوا بداية كل آيةٍ من الآيتين الكريمتين السابقتين.

المعلم يستهل المناقشة بالسؤال الآتي: بماذا يطالبنا الله جلت قدرته؟

أحد الطلاب: يطالبنا ب ....، وبالخوف من يومٍ نرجع ....

المعلم: وما ذلك اليوم؟

طالب: إنه يوم.................

المعلم: تأملوا كلمة (فيه) في الآية الثانية، ولاحظوا بم ترتبط؟.

طالب آخر: إنها مرتبطة بكلمة .... التي قبلها.

المعلم: لماذا لم ترد كلمة (فيه) في الآية الأولى بعد كلمة (يوماً) ما دام السياق في الآيتين واحداً؟

الطلاب يتشاورون.

طالب يسأل المعلم: وما تعليلك أنت لذلك أستاذنا؟

المعلم: تقدير الكلام في الآية الأولى هو (يجزي فيه).

طالب يوجه سؤالا لزملائه: أتدرون ما سر حذفها في الآية الأولى وذكرها في الآية الثانية؟

الطلبة يتشاورون، ثم يحيلون الإجابة للمعلم

المعلم: الحذف في الأولى يفيد الإطلاق، فالجزاء ليس منحصراً بيوم الحساب، وإنما سيمتد أثره إلى ما بعد ذلك اليوم، أما الجزاء في الآية الثانية فهو منحصر فقط بيوم الحساب، وليس عموماً.

نشاط إثرائي:

عزيزي الطالب عزيزتي الطالبة:

اختر نصا قرآنيا آخر يتحدث عن العلم، وسجله بصوتك على شريط أو قرص مرن، ثم اعرضه على معلمك في الحصة القادمة.

آيات من سورة فاطر الحصة الثانية

النتاجات:

يتوقع منك عزيزي الطالب في نهاية الحصة أن تكون قادرا على أن:

- تتلو الآيات الكريمات تلاوةً صحيحةً مظهراً الخشوع.
- تضبط بنية بعض الكلمات وفقا لورودها في الآيات.
- تضبط أخر كلمتي (الله) و (العلماء) في الآية (28).
- تميز بين استعمالات (إن).
- تستنتج الدلالات التي توحي بها بعض الكلمات من السياق.
- تستخرج من الآيات أسلوب حصر.
- تبدي حبا للعلم، وإيمانا بالله وبالنبيين.

ورقة عمل (1)

أعزائي الطلبة، اقرؤوا ما يأتي:

- نحن بما عندنا، وأنت بما عندك راض، والرأي مختلف (قيس بن الخطيم).
- من سلك الجدد أمن العثار. (مثل يضرب في طلب العافية)
- يحتاج العاملون الجدد إلى تدريب مكثف ليزيد إنتاجهم.
- ﴿وَمِنَ ٱلْجِبَالِ جُدَدٌۢ بِيضٌ وَحُمْرٌ مُّخْتَلِفٌ أَلْوَٰنُهَا وَغَرَابِيبُ سُودٌ﴾ (فاطر 27)

اضبطوا بنية الكلمات التي تحتها خط وفقا للسياق الذي وردت فيه.

عودوا إلى المعجم اللغوي للتحقق من ضبط بنية الكلمات التي تحتها خط سابقا.

تأملوا الآية الكريمة الآتية: ﴿إِنَّمَا يَخْشَى ٱللَّهَ مِنْ عِبَادِهِ ٱلْعُلَمَٰٓؤُا۟﴾

شاركوا في المناقشة:

المعلم: ما معنى يخشى؟

أحد الطلاب:....................

المعلم يوجه المناقشة نحو الهدف: من الذي يخاف الآخر، اللـه أم العلماء؟

طالب يجيب: لا يستقيم عقلا أن اللـه ....، فالذي يخاف ....

المعلم: أحسنت لهذا التعليل.

أحد الطلاب يبادر بسؤال: من يحدد لنا الفعل والفاعل والمفعول به في هذه الآية؟

طالب يجيب: الفعل: ....، الفاعل: ....، أما المفعول به فهو.......

المعلم: من منكم يقرأ الآية قراءة جهرية مظهرا عليها الحركات المناسبة؟

يبادر عدد من الطلاب للقراءة

المعلم: بقي أن أفيدكم فائدة يا أبنائي، وهي أن: "إنما تفيد إيجاب الفعل لشيء ونفيه عن غيره"، فلمن تم إيجاب الفعل يخشى في الآية؟ وعمن تم نفيه فيها؟

يتشاور الطلبة ضمن مجموعاتهم في الإجابة مستفيدين من السياق العام للآية.

ثم يقف أحدهم ليجيب: تم إيجاب الخشية.........، وتم نفيها عن.............

ورقة العمل (2)

أعزائي الطلبة:

اقرؤوا الآيتين الكريمتين (24) و (25)، ثم تعاونوا على تحديد نوع (إن) فيهما:

(إن) في الآية (24) نوعها .... (إن) في الآية (25) نوعها..............

ورقة العمل (3)

أعزائي الطلبة:

اقرؤوا الكلمات الآتية، ثم اكتبوا إلى جوار كل منها الدلالات التي توحي بها، وفقا للنمط:

الكلمة	الدلالات التي توحي بها
الظلمات	الجهل، التخبط، الضياع، الخوف.
النور	
الماء	

تأملوا الجملتين الآتيتين:

1- أنت طالب علم

2- إن أنت إلا طالب علم.

شاركوا في المناقشة:

المعلم: ما نوع الجملة رقم (1)؟

طالب: ....

طالب آخر: ما مكونات هذه الجملة؟

طالب آخر: ....

المعلم: من منكم يحددهما؟

طالب آخر: (أنت) .... (طالب) ....

طالب يتساءل: بماذا تختلف الجملة الثانية عن الأولى يا أستاذ؟

طالب يبادر بالإجابة: تختلف في عدد......، حيث أضيف إليها (إن و ......).

طالب آخر يسأل المعلم: وماذا أفادت هذه الزيادة فيها يا أستاذنا؟.

المعلم: زادتها دقة وتوضيحا للمعنى، حيث حصر المبتدأ في الخبر، بمعنى أنك في

الأولى

طالب علم، وقد تجمع صفة أخرى غيرها، كأن تكون موظفا وطالب علم في آن. أما في الثانية فأنت طالب علم وحسب، وليست لك صفة أخرى غيرها، أي أنك محصور في كونك طالبا، وبهذا الأسلوب يكون المبتدأ قد حصر في الخبر

طالب : أتأذن لنا أستاذنا بتكوين جمل جديدة مماثلة للجملة الثانية؟

المعلم: يثني على مبادرة الطالب، ويستمع إلى مزيد من الجمل.

نشاط صفي:

عد إلى الآيات الكريمات صفحة (9) في كتاب المعارف الأدبية، وابحث عن أسلوبٍ حصر فيه المبتدأ بالخبر.

آيات من سورة فاطر الحصة الثالثة

النتاجات:

يتوقع منك أيها الطالب في نهاية الحصة أن تكون قادرا على أن:

- تتلو الآيات تلاوةً صحيحةً مظهراً الخشوع.
- تميز بين كلمتي (الدواب) و (الأنعام) باستخدام المعجم اللغوي.
- تعلل التقديم والتأخير في بعض التراكيب النحوية.
- تميز بين معاني الكلمة الواحدة في سياقات مختلفة.
- تحدد المسند والمسند إليه في بعض الآيات.
- تقرأ من الآيات ما يدل على بعض المعاني.
- تحيي العلماء، وتُقبل على مجالستهم.

النشاط الصفي (1):

افتح المعاجم اللغوية وابحث عن دلالة كلمتي (الأنعام) و (الدواب).

(الدابة: ....).

(النعم: ....).

استخدم الكلمتين في سياقات جديدة.

عزيزي الطالب، عزيزتي الطالبة:

اقرأ الجملتين الآتيتين: ثم شارك في المناقشة الآتية:

1- ما أكرم خالداً إلا حسامٌ.

2- ما أكرم حسامٌ إلا خالداً.

تأمل الجملتين وقارن بينهما من حيث التركيب النحوي والمعنى.

المعلم يسأل: ما الذي تقدم في الجملة الأولى المنصوب أم المرفوع؟

طالب: تقدم .... (خالداً)، وتأخر ....(حسامٌ).

المعلم: لقد تم ذلك لأن الغرض هو بيان المكرم من يكون، والإخبار عنه بأنه حسامٌ دون غيره، فإكرام خالدٍ أمرٌ مفروغ منه، ولم يبق إلا تحديد القائم بعملية الإكرام.

المعلم: ما الذي تقدم في الجملة الثانية المرفوع أم المنصوب؟

طالب: لقد تقدم .... (..........)، وتأخر .... (...............).

المعلم: لقد تم ذلك لأن الغرض هو بيان المكرم من يكون، والإخبار عنه بأنه (خالدٌ) دون غيره، فمن المعروف أن (حسام) قد قام بعملية إكرام، ولذلك كنا بحاجة لمعرفة المكرم ، ونحصره في شخص واحد هو (خالد).

النشاط الصفي (2)

أعزائي الطلبة:

عودوا إلى النص القرآني ص (9) في كتاب المعارف الأدبية، وتأملوا الآية (28)، وتعاونوا على تعليل تقدم لفظ الجلالة وتأخُّر لفظ العلماء، في ضوء ما تم تعلمه.

يتشاور الطلبة.

طالب يعرض ما توصلت إليه مجموعته قائلا: الغرض من تقديم المنصوب في الآية أن يبيِّن من هم الخاشون، والإخبار بأنهم العلماء خاصة دون غيرهم. ولو قدم لفظ (العلماء) لصار الغرض بيان المخشي من هو، والإخبار بأنه الله تعالى دون غيره، ولم يجب عندها أن تكون الخشية من الله تعالى مقصورة على العلماء، وأن يكونوا مخصوصين بها كما هو الغرض في الآية، بل يكون المعنى عندها أن غير العلماء يخشون الله تعالى أيضا، إلا أنهم مع خشيتهم لله تعالى يخشون معه غيره، والعلماء لا يخشون أحدا غير الله.

ورقة عمل (1)

أعزائي الطلبة:

اقرؤوا الجمل الآتية، ثم تعاونوا على التفريق بين معاني الكلمات التي تحتها خط تبعا للسياق الذي وردت فيه.

﴿وَإِن مِّنْ أُمَّةٍ إِلَّا خَلَا فِيهَا نَذِيرٌ﴾ (فاطر 24)	خلا:
خلا الشارع من المارة فلم يعد هنالك من يرى.	خلا:
نمى إلى علمنا خبر فرحنا له جميعا.	نمى:
من الـلـه على عباده بالغيثٍ الوفير فنما الزرع وأينع.	نما:
أخذ الـلـه المجرمين أخذ عزيز مقتدر.	أخذ:
أخذ الطفل في البكاء.	أخذ:
أخذ الطالب المعجم من رف الكتب.	أخذ:

عزيزي الطالب، عزيزتي الطالبة:

اقرأ الجملة الآتية عن السبورة: " الـلـه يرزق الناس " ثم شارك في المناقشة:

المعلم: من يرزق الناس؟

طالب: الـلـه يرزق الناس.

طالب يبادر: كأن زميلنا يريد أن يقول: رزق الناس موكلٌ إلى الـلـه.

المعلم يؤيد الطالب المبادر: نعم! فرزق الناس موكلٌ إلى الـلـه، أي مسندٌ إليه.

طالب: إذا كان لفظ الجلالة مسنداً إليه فما المسند؟

طالب آخر: الفعل (.............).

المعلم: إذا كان لفظ الجلالة مبتدأ فأين خبره؟

طالب: خبره الجملة الفعلية (يرزق الناس).

المعلم: كأنكم تقولون: إن المبتدأ يكون مسنداً إليه، و الخبر يكون مسنداً.

طالب: هذه هي الحقيقة يا أستاذ، فالخبر مسندٌ، والفعل مسندٌ، كما أن المبتدأ مسند إليه والفاعل ....كذلك.

ورقة عمل: (2)

أعزائي الطلبة: اقرؤوا الآية الكريمة الآتية: ﴿ وَمَا يَسْتَوِي الْأَحْيَاءُ وَلَا الْأَمْوَاتُ إِنَّ اللَّهَ يُسْمِعُ مَن يَشَاءُ وَمَا أَنتَ بِمُسْمِعٍ مَّن فِي الْقُبُورِ ﴿٢٢﴾ ﴾ (فاطر 22)

ثم تعاونوا على:

- تحديد المسند إليه والمسند فيها.

- إعراب الآية الكريمة إعرابا تاماً.

المسند إليه: ....

المسند: ....

إعراب الآية الكريمة:......................................

النشاط الصفي (3):

عزيزي الطالب، عزيزتي الطالبة: استخرج الآيات التي تدل على المعاني الآتية من صفحة (9) في كتاب المعارف الأدبية، ثم اكتبها في الفراغات:

- تعدد الأنبياء والرسل قبل النبي محمد صلى اللـه عليه وسلم.

الإجابة: " وإن من أمة ...."

- قدرة اللـه على خلق مخلوقات منوعة الأشكال والألوان.

الإجابة: " ألم تر أن اللـه ....".

رحلة صيف

قصة قصيرة لمحمود تيمور

3 حصص

(بليغ أفندي) موظف حكومي، يشهد لـه رؤساؤه و مرؤوسوه بصفاء السريرة، و طيبة القلب، و هو يؤدي عمله الموكول إليه على الوجه المرضي، و قد مرت به أعوام متواصلة لم يزل في صيف أو في شتاء، ينصرف مصبحا إلى مكتبه يزاول العمل، و يقصد ممسيا إلى القهوة يتسلى و يتفرج، ولا يزال دائرا في هذه الحياة الراتبة بين القهوة و الديوان.

حل الصيف، و اشتد فيه القيظ، فاستشعر (بليغ أفندي) الحاجة إلى الراحة والاستجمام، فقد أنهكه العمل الموصول، و لم يعد موفور الصحة كما كان، فعجل إلى رئيسه يعرض شكاته على استحياء:

- **صباح الخير يا سيدي المدير.**
- **صباح النور يا بليغ أفندي.. تفضل، تفضل بالدخول.**
- **شكرا.**
- **خيرا إن شاء الله، لقد طلبت مقابلتي.**
- **تعلم حضرتك أنني لم أخرج في إجازةٍ منذ أعوام طويلة... (سكت بليغ برهة).**

فسارعه المدير قائلا:

- **أهذا معقول، أخيرا جئت تطلب إجازة يا بليغ أفندي!.**
- **نعم يا حضرة المدير.. لقد أحسست برتابة في حياتي، فقصدتك اليوم أستمنحك إجازة أرفه عن نفسي.**
- **كم يوما تريد؟**
- **أسبوعين فقط يا حضرة المدير.**

فما كان من المدير إلا أن سارع بتناول الطلب من يده، و ذيله بالموافقة، و قد ارتسمت على وجه بليغ أفندي السماحة و الارتياح، ثم صدر عن مكتب رئيسه، و هو في طلاقة و بشر و لكنه ما عتم أن خلا إلى نفسه يسائلها و الحيرة تنازعه:

– أين أقضي هذه الإجازة؟ أأجعلها مناصفةً بين مسكني الكئيب الموحش، لا جليس، ولا أنيس، و بين قهوتي المألوفة التي تماثل في صخبها و ضجتها سوق المتزايدة؟

لقد نصح له صديقٌ يلهج بالطب أن يرحل عن العاصمة، و أن يتخير له مكانا يختلف في جوه عن هذا المكان الذي عاش فيه السنين الطوال، فلو فعل ذلك لظفر براحة النفس، و تدارك من صحته ما وهن.

آن (لبليغ أفندي) أن يؤمن بنصيحة صديقه، فليرتحل على عجل.

ولم يكن أمامه إلا إحدى اثنتين: الأولى أن يذهب إلى (الحاج رزق) في (كفر سفيطه)، و الأخرى أن يقصد (الأستاذ رشاد) في الاسكندرية، و لبث ساعة يفاضل بين قريبه (الحاج رزق)، و صديقه (الأستاذ رشاد)، و يوازن بين الحياة في الريف و الحياة في المصيف، بين (كفر سفيطه) القابعة بين القرى و الحقول، و (الإسكندرية) عروس البحر المحوطة بالمباهج و المسرات، و انتهت به المفاضلة و الموازنة إلى تلبية هاتف القلب، فآثر الرحيل إلى الثغر.

حقا سيفاجأ به صديقه (الأستاذ رشاد)، فما كان ليتوقع زيارته إياه، و لكن ماذا يحجم به عن مفاجأته؟

– ألم أستضف صديقي (رشادا) غير مرةٍ في زوراته للعاصمة؟ كم مرةٍ حل بداري دون دعوةٍ أو استئذان! و كم ردد على مسامعي أن بيته في (محرم بيك) يرحب باستقبالي في أي وقتٍ أشاء! و لشد ما أثار شوقي إلى زيارة (الإسكندرية) بما كان يفيض فيه صديقي من وصفٍ خلابٍ لحياة الشاطئ و متعه الفاتنة!

إن (بليغ أفندي) لم يشهد الثغر، و لم تكتحل عيناه بمرأى البحر، و لكن ما نقلت إليه الصحف من صورٍ و مناظر، و ما ارتسم في مخيلته من أصداء الأحاديث، كان

يتمثل له و هو في طريقه إلى دار صديقه في حي (محرم بيك) فيملأ صدره طمأنينةٌ و رضا، و يمني نفسه باستمراء البهجة و المتعة و الإيناس.

و ظل يتعرف الطريق حتى وافى الدار قبيل الظهر، فإذا هي دارٌ سامقةٌ من تلك الدور الجديدة التي تتكاثر طباقها ابتغاء الربح، فتزدحم فيها الأسر ازدحام الخلايا بأسراب النحل، و كان صديقه (رشاد) يقيم مع أسرته في شقةٍ عالية من هذه الدار.

و صعد (بليغ) الدرج يحمل معه جقيبته المختنقة بألوان الهدايا، فبلغ باب الشقة مبهور الأنفاس، يتقصد من جبينه العرق، و ضغط زر الجرس فتعالى منه صوتٌ رنانٌ تجاوبت به الأرجاء، و ما لبث الباب أن انفرج عن امرأةٍ عليها جهامةٌ و عبوس، و هي تقول في همهمةٍ، و كأنها تنتزع الكلمات من فمها انتزاعا:

- دق الجرس ممنوع.. ممنوع يا ناس!

فقال لها (بليغ) و هو يتلعثم في حيرةٍ و خجل:

- المعذرة.. لم أكن أعرف.. أنا (بليغ)، صديق الأستاذ (رشاد).. أخبريه أني حضرت.

و اجتلب لفمه ابتسامةً مضطربة لم تعرها جانبا من الاهتمام، و قالت له و هي تضع سبابتها على فمها هامسة:

- أرجو منك يا (بليغ أفندي) ألا تعلي من صوتك، و ألا تبدي حركة مسموعةً.. إن السيدة لم تذق النوم منذ ليال.. و خطت في الردهة خطوات سلحفاة، و (بليغ) يقفو أثرها، و ما أن بلغت به الخادمة حجرة الزوار حتى اختفت عنه، فراعه الصمت القابض الضارب أطنابه في البيت، و اتخذ مجلسه مستوحشا يستعيد ما استقبلته به المرأة من قول، و يحاول أن يستشف ما غمض عليه من الأمر، و كان ينتهي إلى سمعه في الحين بعد الحين همساتٌ قلقةٌ، و تنهداتٌ حرجةٌ، و خطواتٌ حذرة، فتزيده من اضطرابٍ و ضيق.

و بينما هو كذلك إذ علت صيحةٌ نسويةٌ تنم عن استغاثةٍ و التياع، فنهض (بليغ) من مجلسه يرجف، و توالت بعد الصيحة صيحاتٌ أشد و أنكى، فجعل (بليغ) يدور

في الحجرة تستبد به الحيرة، ثم سكن البيت و أطبق الصمت، فانثنى (بليغ) إلى مقعده يمسح وجهه و يروحه بمنديله، و هو مصغٍ إلى كل نأمةٍ تصدر.

و توارد على سمعه صرير الشقة ينفتح، و ما هي إلا ثوانٍ حتى لمح صديقه (رشاد) يدخل على رقبةٍ و تخوف، عاري الرأس أشعث الشعر، مختلج الملامح، فحيا (بليغ) تحيةً خاطفةً، و أردف و أردف يسأله في لهفة:

- ألم يتم الوضع؟

و تشابكت على فم (رشاد) بضع كلمات و جملٍ تكشف الستار عن تلك الحالة الشاذة التي تسود الدار.. إن (رشاد) ينتظر الحادث السعيد أول مرة، تلك زوجه تعاني المخاض منذ يومين، و قد بلغ بها عسر الولادة كل مبلغ، فاضطربت أعصاب (رشاد) حتى فقد اتزانه، و لم يعد يستطيع البقاء في الدار ساعة، فهو يهيم على وجهه طول يومه، و لا يلم بالدار إلا لكي يتسقط الأخبار.

و في هذه اللحظة ارتفع صوت الزوجة يدوي و يزلزل الأركان، فاندفع (رشاد) يضرب رأسه بجمع يده، و هو يردد متحشرج الصوت:

- سأجن بلا ريب.. سأجن.. لا.. لا صبر لي.

و انتقل من باب الشقة يتواثب على الدرج، كأنه فريسةٌ يتعقبها الصائد.

و مثل (بليغ) وسط الحجرة ذاهل اللب.

- لا بد أن أزايل هذه الدار من فوري لأنجو بنفسي من هذه الكربة المحيطة بي.

فوقع بصره على الحقيبة، و هي على قيد خطواتٍ منه، منتفخةٌ بالهدايا، تكاد تتميز غيظا..

- لم لا أتريث بعض الوقت لعل الغمة تنزاح.

و إذا هو يسمع الزوجة صارخة تقول:

- سأموت.. سأموت لا محالة.

و ألفى (بليغ) يده تأخذ بمقبض الحقيبة، و قدميه تزجان به نحو الباب، فإذا هو حيال الخادمة تنظر إليه بعين زائغة، و تقول:

- لقد ترك (رشاد أفندي) البيت و هو أقرب إلى الجنون منه إلى العقل، و ليس هنا إلا السيدات، و الداية تطالبنا بأشياء مهمةٍ.. فما العمل؟ ما العمل؟

و برزت الداية تتلوى و تخلج، و تدانت من (بليغ) مرفوعة الهامة، مشمرة الكمين على وشك الدخول في حلبة للمصارعة، و انبرت تعدد له في صوت غليظ مهيب ما هي في حاجة إليه من معدات، و ختمت حديثها تقول:

- يجب إحضار هذه الأشياء الساعة.

و سرعان ما أجاب (بليغ) و هو يحدق في ذراعها الضخمة بعضلاتها المفتولة:

- ستجدين كل ما تطلبين حاضرا في لحظات.

و ركض يطلب الباب، و بعد قليل عاد يحمل حزمةً كبيرة تحتوي على زجاجاتٍ و لفائف، و ما أدرك الشقة حتى كاد يسقط من الإعياء.. و انسرح به التفكير في شأنه، و جعل يراجع نفسه في ضجرٍ:

- ما الذي يجبرني على ذلك؟!

و لكنه لم يلبث أن عدل قامته، و تنفخ في وقفته:

- لم لا؟! حسبي أن أرضي ضميري و أنني نهضت بما تقضي به مروءتي في ساعة الشدة. و دخل الردهة فامتدت إليه تلك الذراع الضخمة ذات العضلات المفتولة، و تناولت منه الحزمة على عجل، و توارت بها في إحدى الحجر، و لم تكد تغيب فيها حتى برزت (الخادمة) تنساب في مشيتها انسياب الزواحف، و قالت في صوتٍ مستضعفٍ واهنٍ كأنها تسلم الروح.

- هناك زائرٌ في حجرة الضيوف.

و أخذت تدفع به ما وسعها أن تدفع.. و كان الزائر أحد الجيران ممن سمعوا بالخبر، فجاء يستخبر و يهنئ، فاستبشر به (بليغ) و ظن أنه منتفع به في هذه الساعة العصيبة، بيد أن الزائر ما إن حيا حتى انصرف، و هو يرجو للأسرة سلامة و عافية.

و اندفق سيل الزوار، و (بليغ) لا يودع واحدا منهم حتى يستقبل آخر، و أحس بأنه ذلق اللسان مستفيض البيان في وصف الحال، و هو الذي لم يتوضح له من شخصية

(البطلة) إلا صوتٌ كصفارة القطار المكبوتة.. يطلب النجدة و يعلن الشكوى! و ساد البيت هرجٌ و مرج، فالأقدام غاديةٌ رائحة، و الأصوات صاخبةٌ محتدة، و تصايح الاستغاثة يتواصل من حجرة (البطلة) حينا يشتد و حينا يضعف، و استيقظ البيت كله يقظة كهربية أحس (بليغ) أنه قد أصبح قطبها العتيد.. و خالطه زهو و اعتزاز، فراح يصدر الأوامر و النواهي، و يلوح بيديه لمن هنا و هناك، و يتطاول برأسه في سطوةٍ و تأمر.

و تقدمت منه (الداية) البادنة بذراعها الضخمة و عضلتها المفتولة، و قد وضعت يديها في خاصرتيها تقول:

- الحالة شديدةٌ.. لا بد لي من مساعد يشاركني في عملي.. علي بطبيب.

- من أين لي بالطبيب، و أنا في هذه البقعة غريبٌ لم تطأها قدمي قبل اليوم؟

فأسرعت تدفع إليه ورقةً و هي تقول:

– دونك أسماء بعض الأطباء الذين أستطيع التعويل عليهم في هذه الحالة.. استدع لي أحدهم من فورك، و لا تنس أن في يدك مصير روحين بشريين، و أنت عنهما مسؤول.

و أخذ (بليغ) الورقة يهرول بها خارج الدار، و كلمة الداية تناوش سمعه، و لسان حاله يقول:

- ماذا أصنع و قد أوكلت إلي الأقدار مصير روحين من بني الإنسان يعانيان الكرب و الضيق؟ و ما إن لمح سيارة أجرة في طريقه حتى استوقفها، فأقلته تقطع به المسالك في جيئة و ذهاب، لا يهبط منها هنيهة حتى يعود إليها لتواصل السير، فمرة يعلم أن الطبيب في زيارة خارجية، و مرة يخبره الطبيب الثاني بأن بين يديه مرضاه لا يستطيع أن يتخلى عنهم و يمضي معه، و مرة يجد الطبيب الثالث قد نام نومة القيلولة و ليس إلى إيقاظه من سبيل.

و بعد لأيٍ عاد أدراجه إلى الدار بطبيب لم يكن اسمه مدرجا في القائمة، و لكن هداه إليه سائق السيارة الحيرى بين عيادات الأطباء ذات اليمين و ذات الشمال.

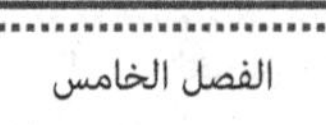

و زاول الطبيب عمله في نشطة و اهتمام، فبدا في ميدعته البيضاء الأنيقة، و قفازه الأحمر المطاط، و قلنسوته الناصعة تنحرف على فوده في تفنن، فتبرز خصلةٌ من شعره المواج ملتمعة على الجبين.

و أخذت الحمية من (بليغ) كل مأخذ، فهو ذاهبٌ آيبٌ لا يقر له قرار، يستقبل الوافدين من الجيران يسنبئونه، و يلقي بأوامره إلى (الخادمة) في تخشن، و يتلقى الأوامر من الذراع المفتولة العضل في طوع، و يستمع إلى صاحب القلنسوة الناصعة معجبا بالخصلة اللامعة من شعره المواج، و هو فيما بين ذلك على الدرج صاعد هابط يقضي مطالب الدار.

و بغتة رن في حجرة الوالدة صياح حاد.. إنه الوليد المرتقب يعلن قدومه السعيد اللحن الرنان.. قطعة من اللحم لا تزن بضعة أرطال تقيم الدنيا و تقعدها أياما و ليالي معدودات!

و أحس (بليغ) بهزة من الاهياج تنتظم أوصاله، و أهل الدار ممن يعرف و من لا يعرف يقبلون يطارحونه التهاني في بشر و ابتهاج، أما صاحبة الذراع المفتولة العضل فقد توالت ثرثرتها في تبيان ما قامت به من أعمال البطولة في الموقف العسر، حتى استطاعت ان تستنقذ الطفل و أمه من براثن موت وشيك.

و بعد هنيهة أهل الطبيب و بين يديه الوليد تكتنفه اللفائف، فلا يرى منه إلا عينان تبرقان، و شدقٌ لا يهدأ له صراخ، و ألقى الطبيب باللفيفة الصاخبة إلى (بليغ) فتناولها منه حائرا يعروه الارتباك، و طفق يدور بها و لا يفتأ يدور.

و خفت وطأة الضجيج، وانصرف الطبيب، فصاحبه بليغ حتى باب الدار، و دس في يده ورقاتٍ مالية يكرم بها وفادته، و يحسن جزاءه.

و لما فرغ (بليغ) من توديع الطبيب عاد صاعدا إلى الشقة، فوجد الصمت يغشاها، فدلف إلى حجرة الزوار، و نظر في ساعته، فإذا هي قد بلغت من دورتها الغاية.. الوقت إذن منتصف الليل، و شعر بأن أوصاله تتخاذل، فاسترخى على مقعده،

فأسرعت إلى فمه تثاؤبةٌ مجلجلةٌ زلزلت كيانه، فقام إلى متكأ فسيح، و ما عتم أن تهالك عليه و غاب في سباتٍ عميق.

و بعد حين أحس (بليغ) بأن يدين تهزانه في إلحاحٍ فنهض برأسه متفزعا تختلج عيناه، فطالعه طيف إنسانٍ يتلوى و يتصايح أمامه تصايح المشعوذين، و هو يقول:

- هنئني يا صديقي.. قدومك خير، لقد صار لي غلام!

فاجتهد بليغ أن يفتح عينيه، و همهم في صوت أبح:

- مبارك يا سيدي..

مبارك!!

و سرعان ما تهاوى على المتكأ، و قد علا غطيطه كأنه خوار ثورٍ ذبيح!!

رحلة صيف

قصة قصيرة

الحصة الأولى

النتاجات:

يتوقع منك أيها الطالب في نهاية هذه الحصة أن تكون قادرا على أن:

- **تقرأ قصة (رحلة صيف) قراءة جهرية صحيحة معبرةً عن المعنى.**
- **تحدد عناصرها.**
- **تميز بين الحوار الداخلي والحوار الخارجي فيها.**
- **تحدد الحدث ومراحل تطوره.**
- **تفسر بواعث الحدث.**
- **تستنتج الكلام المحذوف بمساعدة المصاحبات اللغوية.**
- **تبدي رأيك في مواقف بعض شخصيات القصة.**

افتح كتاب المعارف الأدبية صفحة 15 .

اقرأ القصة قراءة صامتة.

شارك في المناقشة:

المعلم: ما عناصر القصة القصيرة؟

أحد الطلاب: (الزمان، ......، الشخوص، ......، الحوار، ....، العقدة ،......).

المعلم: في أي فصل من السنة حدثت هذه القصة؟

أحد الطلاب: (في فصل ....).

طالب آخر يسأل: من هي شخصياتها؟

طالب يبادر بالإجابة: (بليغ أفندي، مدير ....،......... الذي قدم له النصيحة بالسفر، الحاج..........، الأستاذ..........، ....، زوجة ....، الداية، جيران ....، ....، ....).

ورقة عمل (1)

أعزائي الطلبة:

يعد الحوار عنصرا من عناصر القصة وأداة من أدواتها اللغوية التي يستخدمها الكاتب، ويأتي في سياق حدث من أحداثها، وغالبا ما يكون معبرا عن السمات النفسية والاجتماعية للشخصية، وله عدد من الوظائف.

تعاونوا على:

أ- تحديد وظائف الحوار.

- ....

- ....

ب- صياغة تعريف لكل من الحوار الداخلي والخارجي.

الحوار الداخلي:

....

....

الحوار الخارجي:

....

....

شاركوا في المناقشة الآتية:

المعلم: من يلخص خاتمة القصة؟

طالب: انتهت أحداث القصة ب................وانفراج ....

ما أهم الأحداث المثيرة في القصة؟

طالب: تعسر الولادة، ....، ....

المعلم: من يقرأ من القصة موقفا فيه حوار خارجي؟

طالب يقرأ من الكتاب:

- الخادمة: دق الجرس ....

- بليغ أفندي: المعذرة.. ....، أنا ....

- الخادمة: أرجو منك ....، إن السيدة لم تذق النوم منذ ليال.

المعلم: من يقرأ من القصة ما يمثل حوارا داخليا؟

طالب يقرأ من حديث بليغ إلى نفسه:

" ألم أستضف........................؟ كم مرةٍ حل بداري دون دعوة أو استئذان؟ وكم ردد على مسامعي أن بيته في (محرم بك يرحب باستقبالي في أي وقت أشاء. "

ورقة عمل (2)

أعزائي الطلبة:

تعاونوا على الإجابة عن الأسئلة الآتية:

ما تعريف الحدث؟..

ما مراحل الحدث المتكامل في القصة؟ ....

ما الحدث الرئيس في قصة رحلة صيف؟.................................

ورقة العمل (3)

أعزائي الطلبة:

تعاونوا على تحديد:

- بواعث الحدث الرئيس في قصة (رحلة صيف)..............................
- بداية الحدث في هذه القصة..............................
- مظاهر التفاعل بين الشخصيات والأحداث..............................

أيها الطالب، أيتها الطالبة:

اقرأ بيت الشعر الآتي عن السبورة.

" وكسا الخز جسمه فتباهى وحوى المال كيسه فتمرد"

شارك في المناقشة الآتية:

المعلم: ما معنى الخز؟

طالب: الخز ضربٌ من ....

المعلم: فيم يستخدم الخز؟

طالب آخر يبادر بالإجابة: في صنع ....

طالب آخر يبادر بالسؤال: هل من علاقة بين كل من: الخز والجسم والمباهاة؟

طالب يحاول الإجابة: توجد علاقة ارتباطية قوية بين هذه المفردات، فالخز منه ....، والملابس تكسو......، والخز ثمين، وكذلك الملابس المصنوعة .... ثمينة.

المعلم يتساءل: ماذا نستنتج من هذا الكلام؟

الطالب: نستنتج أن الإنسان الذي يكتسي بالملابس الحريرية يتطلب أن يكونً.............، وهذا كله مدعاةٌ ....

المعلم: ما علاقة المال بالكيس وبالتمرد؟

أحد الطلاب: الكيس وعاء المال، ومن لديه .... كثير قد تسول له نفسه بالعجرفة و.......

المعلم: أفيدكم فائدةً، وهي: أن بعض الكلمات يستدعي وجودها وجود كلمات أخرى لها علاقة بها، وتعرف هذه الكلمات بالمصاحبات اللغوية.

ورقة عمل (4)

أعزائي الطلبة:

تعاونوا على ملء الفراغات في النص الآتي بالكلمات المصاحبة لما تحته خط.

" مرت على (بليغ أفندي) أعوامٌ متواصلةٌ، لم يزل في صيفٍ أو في ....، ينصرف مصبحاً إلى مكتبه، يزاول العمل، ويقصد .... إلى القهوة يتسلى ويتفرج. حل الصيف واشتد فيه ....، فاستشعر بليغ الحاجة إلى الراحة و................"

رحلة صيف

قصة قصيرة

الحصة الثانية

النتاجات:

يتوقع منك أيها الطالب في نهاية هذه الحصة أن تكون قادرا على أن:

- **تضبط الكلمات ضبطا صحيحا.**
- **تربط بين القراءة والفهم.**
- **تتعرف معاني المفردات من السياق.**
- **تربط الأسباب بالنتائج.**
- **تتعرف مواضع الإسناد في بعض الجمل.**
- **تبدي رأيك في بعض المواقف والأحداث.**

ورقة العمل (1)

أعزائي الطلبة:

اقرؤوا الجمل الآتية قراءة صامتة، ثم تعاونوا على ضبط أواخر الكلمات التي تحتها خط بالحركات المناسبة مستفيدين من مواقعها الإعرابية.

- **عاد بليغ يحمل حزمة تحتوي على زجاجاتٍ ولفائف طبية.**
- **انصرف الطبيب بعد أن دس بليغ في يده ورقات مالية.**
- **لا بد أن أزايل هذه الدار لأنجو بنفسي من هذه الكربة المحيطة بي.**
- **ساد البيت هرج ومرج.**

نشاط صفي:

أيها الطالب، أيتها الطالبة:

اقرأ الأفكار الآتية التي وردت في القصة عن السبورة:

- ضغط العمل على بليغ أفندي.

- بحثه عن متنفس للاستجمام.
- اضطراب الأستاذ رشاد وتركه المنزل.

اقرأ ما يدل على كلٍ منها من النص قراءة جهرية معبرة.

ورقة العمل (2)

أعزائي الطلبة، تعاونوا على:

تعرف معاني الكلمات التي تحتها خط مستعينين بالسياق الذي وردت فيه.

- وافى بليغ دار صديقه قبل الظهر فإذا هي دار سامقة تتكاثر طباقها. (................)
- خطت الخادمة في الردهة خطوات سلحفاة وبليغ يقفو أثرها. (..........................)
- هم بليغ بمغادرة الدار، لكنه قال في نفسه: لم لا أتريث بعض الوقت لعل الغمة تنزاح (....)
- بحث بليغ طويلا عن طبيب ينقذ حياة السيدة، وبعد لأيٍ عاد أدراجه ومعه الطبيب. (.......)
- وبعد هنيهة أهل الطبيب وبين يديه الوليد تكتنفه اللفائف. (...............)

توظيف تلك الكلمات في سياقات جديدة مفيدة.

سامقة: ....

يقفو: ....

أتريث: ....

لأي: ....

تكتنفه: ....

ورقة العمل (3)

أعزائي الطلبة:

تعاونوا على تصنيف الجمل الآتية إلى سبب ونتيجة وفق الجدول:

- استشعر بليغ أفندي الحاجة إلى الراحة بعد أن أنهكه العمل الموصول.
- ذيل المدير طلب الإجازة بالموافقة، فارتسمت على وجه بليغ السماحة والارتياح.
- نهض بليغ من مجلسه مرتجفا إذ علت صيحة نسوية تنم عن استغاثة.
- لا بد أن أزايل هذه الدار من فوري لأنجو بنفسي من هذه الكربة المحيطة بي.
- خالطه زهو واعتزاز فراح يصدر الأوامر والنواهي.

سبب	نتيجة

أيها الطالب، أيتها الطالبة:

اقرأ الجملة الآتية عن السبورة.

" بليغ أفندي موظفٌ حكومي ".

شارك في المناقشة الآتية:

المعلم: من منكم يعرب ما تحته خط في الجملة السابقة؟

طالب يبادر: (بليغ) .....مرفوع وعلامة رفعه ......، (موظفٌ) ......وعلامة رفعه الضمة.

المعلم: ما العمل الموكول إلى بليغ؟

طالب: ....

المعلم: ولمن أوكلت الوظيفة الحكومية؟

أحد الطلاب: إلى ....

المعلم: كأنكم تريدون أن تقولوا: إن كلمة (موظف) هـي المسـند، وإن كلمـة (بليـغ) هـي المسند إليه!

طالب: كأنك في أذهاننا يا أستاذ، هذه هي الحقيقة.

ورقة العمل (4)

أعزائي الطلبة:

اقرؤوا الجملة الآتية: " صعد بليغٌ الدرج " ثم تعاونوا معاً على:

- إعرابها إعراباً تاماً.

....

.... تحديد المسند إليه والمسند فيها.

المسند إليه:............................المسند:..............................

نشاط إثرائي:

عزيزي الطالب، عزيزتي الطالبة:

ابحث في قصة (رحلة صيف) عن مواضع أخرى للإسناد، وحدد المسند إليه والمسند.

رحلة صيف

قصة قصيرة

الحصة الثالثة

النتاجات:

يتوقع منك أيها الطالب في نهاية الحصة أن تكون قادرا على أن:

- **تقرأ قراءة جهرية صحيحة مضبوطة بالشكل ومعبرة عن المعنى.**
- **تعلل التقديم والتأخير في بعض التراكيب النحوية.**
- **تتعرف معاني الحروف وأثرها في معنى الجملة.**
- **تحدد التعلق بين أقسام الكلمة.**
- **تتعرف المعاني الضمنية والبعيدة لبعض الصور البيانية.**
- **تفاضل بين التراكيب والجمل.**
- **تحاكي بعض التراكيب والجمل بجملٍ جديدة من إنشائك.**
- **تبدي حرصا على التحدث بعربية فصيحة مع زملائك.**

عزيزي الطالب، عزيزتي الطالبة:

افتح كتاب المعارف الأدبية صفحة (16)

اقرأ الحوار الذي دار بين بليغ أفندي ورئيسه في العمل.

ضع عنوانات مناسبة لهذا الحوار.

اقرأ الجملتين الآتيتين عن السبورة.

1- **دق الجرس ممنوع.**

2- **ممنوع دق الجرس.**

شارك في المناقشة الآتية:

المعلم: ما الفرق بين الجملتين في التركيب؟

أحد الطلاب: الجملتان متشابهتان في الكلمات.

طالب آخر: كلتاهما جملة ....

المعلم: يوافق على إجابتيهما، ويسأل سؤالا آخر، من يوضح ركنيهما؟

أحد الطلاب: في الجملة الأولى (دق) ....، و(ممنوع)......... وفي الثانية (ممنوع)....مقدم، و(دق) .... مؤخر.

طالب يبادر بسؤال: هل يستطيع زميلنا أن يعلل تقديم الخبر على المبتدأ في الجملة الثانية؟

طالب آخر: يستأذن للإجابة نيابة عن زميله: لقد تم التقديم جوازا بسبب أهمية الخبر.

طالب يسأل: وهل يترتب على ذلك التقديم فرق في المعنى؟

الطالب: أنا أفهم الجملة على النحو الآتي:

في الجملة الأولى تم تقديم المبتدأ (دق) لأهميته، وكأني بسائل يسأل: ما هو الممنوع؟ فيكون الجواب: ....

أما في الجملة الثانية فقد تم تقديم الخبر (ممنوع) لأهميته أيضا، وكأني بسائل يقول: ما حكم دق الجرس؟ فيكون الجواب.......................

ورقة العمل (1)

أعزائي الطلبة:

اقرؤوا الجمل الآتية قراءة صامتة، ثم تعاونوا على:

تحديد نوع (اللام) في كل كلمة تحتها خط.

إعراب اللام والكلمة التي تتصل بها.

- فليرتحل على عجل. (..............................)

الإعراب:..............................

- ما كان ليتوقع رشاد زيارة بليغ. (.......................)

الإعراب:..

- واجتلب بليغ لفمه ابتسامة مضطربة. (..................)

الإعراب:..

عزيزي الطالب، عزيزتي الطالبة:

شارك في المناقشة الآتية:

المعلم: ما أقسام الكلمة؟

أحد الطلبة: اسم و............. و ....

المعلم: من هذه الكلمات يتألف البناء اللغوي، فالأديب يرتبها وفقا لترتيب معانيها في نفسه، وللتعليق فيما بينها طرق معلومة، فإما أن يكون تعلق اسم باسم، أو تعلق اسم بفعل، أو تعلق حرف بالاسم والفعل معا.

اقرأ الجمل الآتية عن السبورة.

1- **بليغ أفندي موظف حكومي.**

2- **ينصرف بليغ مصبحاً إلى مكتبه.**

3- **استشعر بليغ الحاجة إلى الراحة والاستجمام.**

4- **ظل بليغ يتعرف الطريق حتى وافى الدار قبل الظهر.**

تأمل الكلمات التي تحتها خط، وحاول تعرف العلاقة التي تربط بينها.

شارك في المناقشة:

المعلم: ما التعلق بين كلمتي (بليغ) و(موظف) في الجملة الأولى؟

أحد اطلاب مبادرا: كلتاهما اسم، والأول........، والثاني........، والتعلق بينهما تعلق اسم .....

المعلم يشير إلى الجملة الثانية ويسأل: ما التعلق بين كلمتي (بليغ) و(مصبحاً)؟

طالب آخر: بليغ .... للفعل ينصرف، مصبحاً .....منصوب، والتعلق بينهما تعلق الحال..........

أحد الطلاب يوجه سؤالا للمعلم: ما التعلق بين كلمتي (الراحة) و (الاستجمام) في الجملة الثالثة؟

المعلم: الراحة والاستجمام اسمان، وبينهما حرف........هو (.......)، ويشتركان في حكمٍ واحد، هو (...........)، والتعلق بينهما تعلق المعطوف ....

المعلم مردفا: انظروا الجملة الرابعة، ما تعلق الطريق بالفعل يتعرف.

أحد الطلبة: الطريق اسم، يتعرف ......، وهذا الاسم مفعول به للفعل، و التعلق بينهما تعلق اسم.............

المعلم: هل هناك من يخالف رأي زميلكم؟

ورقة العمل (2)

أعزائي الطلبة:

اقرؤوا العبارات الآتية قراءة صامتة، ثم تعاونوا على تحديد المقصود بكل منها:

- خطت الخادمة في الردهة خطوات سلحفاة.

(..................................)

- وانفتل رشاد من باب الشقة يتواثب على الدرج كأنه فريسة يتعقبها الصائد.

(...)

- وسرعان ما تهاوى بليغ على المتكأ وقد علا غطيطه كأنه خوار ثور ذبيح.

(...)

- لم يتضح لبليغ من شخصية البطلة إلا صوت كصفارة القطار المكبوتة يطلب النجدة.

(...)

أعزائي الطلبة:

اقرؤوا الجمل في المجموعتين (أ) و (ب) عن السبورة:

أ	ب
أتعبه العمل الموصول.	أنهكه العمل الموصول.
خطت في الردهة ببطء.	خطت في الردهة خطوات سلحفاة.
أخذ الورقة يهرول بها خارج الدار.	أخذ الورقة يمشي بها خارج الدار.
لم تكتحل عيناه بمرأى البحر.	لم يشاهد البحر.
يرحل عن العاصمة.	يرحل إلى الإسكندرية.

تأملوا الكلمات التي تحتها خط في كل جملتين متقابلتين.

شاركوا في المناقشة الآتية:

المعلم يبدأ المناقشة بالسؤال الآتي: ما العلاقة بين (أتعب) و(أنهك)؟

أحد الطلاب: كلاهما فعلٌ......، وهما متقاربان في الدلالة، ولكن (.......) أكثر قوة في الدلالة على حال التعب التي آل إليها بليغ أفندي.

طالب آخر يتساءل: ما العلاقة بين (ببطء) و (خطوات سلحفاة)؟

أحد الطلاب يستأذن للإجابة: كلاهما يدل على أن الخادمة لم تكن...........في مشيتها، ولكن (خطوات سلحفاة) أجمل تعبيراً ، وأكثر دلالةً على......، فالسلحفاة بطيئةٌ جداً في زحفها.

طالب يوجه سؤالا للمعلم: ما العلاقة بين (يهرول) و (يمشي)؟

المعلم: (يهرول) فعلٌ .... معناه (.........)، وهو أكثر دلالةً على ...... في السير.

طالب آخر يوجه سؤاله للمعلم: ما الفرق بين (تكتحل عيناه) و (يشاهد)؟

المعلم: هما متشابهان في الدلالة على المشاهدة، ولكن الأول أجمل تعبيراً، لأن فيه صورة فنية من نوع الاستعارة التصريحية، حيث شبهت المشاهدة بالاكتحال، فالمشاهدة تملأ العين بالمناظر والصور، والاكتحال يملأ العين بالكحل.

طالب يبادر: ما الفرق في المعنى بين الجملتين (9) و (10)؟

طالب آخر يجيب زميله: الأولى تفيد مغادرة العاصمة .... عنها، لأن (عـن) مـن معانيهـا .... والبعد، أما الثانية فتفيد ....إلى الإسكندرية و.......... عليها، لأن (إلى) تفيد انتهاء الغاية.

نشاط إثرائي:

عزيزي الطالب، عزيزتي الطالبة:

اختر التعبيرات الأجمل والأقوى مما مضى، ثم قم بمحاكاتها بجملٍ جديدة من إنشائك.

الوحدة الثانية

أسرار الطبيعة

من مشاهد الطبيعة في القرآن الكريم

آيات من سورة النحل (10- 18) 3 حصص

﴿ هُوَ ٱلَّذِيٓ أَنزَلَ مِنَ ٱلسَّمَآءِ مَآءٗۖ لَّكُم مِّنۡهُ شَرَابٞ وَمِنۡهُ شَجَرٞ فِيهِ تُسِيمُونَ ١٠ يُنۢبِتُ لَكُم بِهِ ٱلزَّرۡعَ وَٱلزَّيۡتُونَ وَٱلنَّخِيلَ وَٱلۡأَعۡنَٰبَ وَمِن كُلِّ ٱلثَّمَرَٰتِۚ إِنَّ فِي ذَٰلِكَ لَأٓيَةٗ لِّقَوۡمٖ يَتَفَكَّرُونَ ١١ وَسَخَّرَ لَكُمُ ٱلَّيۡلَ وَٱلنَّهَارَ وَٱلشَّمۡسَ وَٱلۡقَمَرَۖ وَٱلنُّجُومُ مُسَخَّرَٰتُۢ بِأَمۡرِهِۦٓۚ إِنَّ فِي ذَٰلِكَ لَأٓيَٰتٖ لِّقَوۡمٖ يَعۡقِلُونَ ١٢ وَمَا ذَرَأَ لَكُمۡ فِي ٱلۡأَرۡضِ مُخۡتَلِفًا أَلۡوَٰنُهُۥٓۚ إِنَّ فِي ذَٰلِكَ لَأٓيَةٗ لِّقَوۡمٖ يَذَّكَّرُونَ ١٣ وَهُوَ ٱلَّذِي سَخَّرَ ٱلۡبَحۡرَ لِتَأۡكُلُواْ مِنۡهُ لَحۡمٗا طَرِيّٗا وَتَسۡتَخۡرِجُواْ مِنۡهُ حِلۡيَةٗ تَلۡبَسُونَهَاۖ وَتَرَى ٱلۡفُلۡكَ مَوَاخِرَ فِيهِ وَلِتَبۡتَغُواْ مِن فَضۡلِهِۦ وَلَعَلَّكُمۡ تَشۡكُرُونَ ١٤ وَأَلۡقَىٰ فِي ٱلۡأَرۡضِ رَوَٰسِيَ أَن تَمِيدَ بِكُمۡ وَأَنۡهَٰرٗا وَسُبُلٗا لَّعَلَّكُمۡ تَهۡتَدُونَ ١٥ وَعَلَٰمَٰتٖۚ وَبِٱلنَّجۡمِ هُمۡ يَهۡتَدُونَ ١٦ أَفَمَن يَخۡلُقُ كَمَن لَّا يَخۡلُقُۚ أَفَلَا تَذَكَّرُونَ ١٧ وَإِن تَعُدُّواْ نِعۡمَةَ ٱللَّهِ لَا تُحۡصُوهَآۗ إِنَّ ٱللَّهَ لَغَفُورٞ رَّحِيمٞ ١٨ ﴾

من مشاهد الطبيعة في القرآن الكريم

آيات من سورة النحل (10- 18)

الحصة الأولى

النتاجات:

يتوقع منك أيها الطالب في نهاية الحصة أن تكون قادرا على أن:

- **تتلو الآيات تلاوةً صحيحة.**
- **تضع عناوين مناسبة للمعاني التي تتضمنها.**
- **تحدد مواضع الإسناد في بعض الآيات.**
- **تعلل الحذف والإثبات في بعض التراكيب.**
- **توازن بين استخدام بعض الكلمات في النظم القرآني.**
- **تعلل تكرار بعض الكلمات في بعض الآيات.**
- **تحافظ على نظافة الطبيعة ونقائها.**

عزيزي الطالب، عزيزتي الطالبة:

تأمل الصورة الواردة ص (33) من كتاب المعارف الأدبية.

استمع إلى أسئلة المعلم، وأجب مشافهة:

- هل تحب الخروج في رحلات إلى أحضان الطبيعة؟

- لماذا يكثر خروج الناس إلى أحضان الطبيعة في فصل الربيع؟

- ما المشاهد التي تستلفت انتباه الناس فيها آنذاك؟

اقرأ النص القرآني قراءة صامتة، واستعد للإجابة على أسئلة المعلم.

- ما الذي تتحدث عنه الآيات الكريمة؟

- من منكم يضع عنوانا جديدا يتناسب وموضوع الآيات؟

ورقة عمل (1)

أعزائي الطلبة:

تـأملوا الآيـة الكريمـة: ﴿ وَهُوَ ٱلَّذِى سَخَّرَ ٱلْبَحْرَ لِتَأْكُلُوا۟ مِنْهُ لَحْمًا طَرِيًّا وَتَسْتَخْرِجُوا۟ مِنْهُ حِلْيَةً تَلْبَسُونَهَا وَتَرَى ٱلْفُلْكَ مَوَاخِرَ فِيهِ وَلِتَبْتَغُوا۟ مِن فَضْلِهِۦ وَلَعَلَّكُمْ تَشْكُرُونَ ﴿١٤﴾ وَأَلْقَىٰ فِى ٱلْأَرْضِ رَوَٰسِىَ أَن تَمِيدَ بِكُمْ وَأَنْهَٰرًا وَسُبُلًا لَّعَلَّكُمْ تَهْتَدُونَ ﴿١٥﴾ وَعَلَٰمَٰتٍ ۚ وَبِٱلنَّجْمِ هُمْ يَهْتَدُونَ ﴿١٦﴾ أَفَمَن يَخْلُقُ كَمَن لَّا يَخْلُقُ ۗ أَفَلَا تَذَكَّرُونَ ﴿١٧﴾ وَإِن تَعُدُّوا۟ نِعْمَةَ ٱللَّهِ لَا تُحْصُوهَآ ۗ إِنَّ ٱللَّهَ لَغَفُورٌ رَّحِيمٌ ﴿١٨﴾ ﴾ (النحل 18)

تعاونوا على:

- إعراب ما تحته خط إعراباً وافياً.
- تحديد المسند إليه والمسند في الآية الكريمة.

عزيزي الطالب، عزيزتي الطالبة:

تأمل الآيتين الكريمتين الآتيتين.

﴿ ۞ شَرَعَ لَكُم مِّنَ ٱلدِّينِ مَا وَصَّىٰ بِهِۦ نُوحًا وَٱلَّذِىٓ أَوْحَيْنَآ إِلَيْكَ وَمَا وَصَّيْنَا بِهِۦٓ إِبْرَٰهِيمَ وَمُوسَىٰ وَعِيسَىٰٓ ۖ أَنْ أَقِيمُوا۟ ٱلدِّينَ وَلَا تَتَفَرَّقُوا۟ فِيهِ ۚ كَبُرَ عَلَى ٱلْمُشْرِكِينَ مَا تَدْعُوهُمْ إِلَيْهِ ۚ ٱللَّهُ يَجْتَبِىٓ إِلَيْهِ مَن يَشَآءُ وَيَهْدِىٓ إِلَيْهِ مَن يُنِيبُ ﴿١٣﴾ ﴾ (الشورة 13)

﴿ وَٱعْتَصِمُوا۟ بِحَبْلِ ٱللَّهِ جَمِيعًا وَلَا تَفَرَّقُوا۟ ۚ وَٱذْكُرُوا۟ نِعْمَتَ ٱللَّهِ عَلَيْكُمْ إِذْ كُنتُمْ أَعْدَآءً فَأَلَّفَ بَيْنَ قُلُوبِكُمْ فَأَصْبَحْتُم بِنِعْمَتِهِۦٓ إِخْوَٰنًا وَكُنتُمْ عَلَىٰ شَفَا حُفْرَةٍ مِّنَ ٱلنَّارِ فَأَنقَذَكُم مِّنْهَا ۗ كَذَٰلِكَ يُبَيِّنُ ٱللَّهُ لَكُمْ ءَايَٰتِهِۦ لَعَلَّكُمْ تَهْتَدُونَ ﴿١٠٣﴾ ﴾ (آل عمران103)

شارك في المناقشة الآتية:

المعلم يستهل المناقشة قائلا: تأملوا الفعل: (تتفرقوا) في الآية الأولى، ثم حددوا زمنه.

أحد الطلاب: إنه فعلٌ ....

المعلم: أعرب هذا الفعل حسب موقعه في الآية الكريمة؟

أحد الطلاب يبادر: إنه فعلٌ مضارعٌ .... ب (لا) ....

أحد الطلاب يوجه سؤالا لزملائه: ما علامة جزمه؟

أحد الطلاب: علامة جزمه .... لأنه ....

المعلم يوجه سؤالا لعموم الطلاب: ما الماضي منه؟

أحدهم يبادر: الماضي منه ....

المعلم: انظروا إلى الفعل (تفرقوا) في الآية الثانية، وحددوا زمنه.

طالب: فعلٌ ....

طالب يتساءل: وكيف عرفت؟ ألا يمكن أن يكون ماضياً؟

الطالب: يمكن لهذه الصيغة أن تكون للماضي، ولكن دخول (..) عليه حصرته ....

المعلم: ما الماضي منه؟

طالب: الماضي منه ....

أحدهم يعقب على ما سبق، ثم يسأل: الفعلان في الآيتين الكريمتين مضارعان، ويدلان على الفرقة والتباعد، ولكن ما سبب حذف (التاء الأولى) من الفعل (تفرقوا) في الآية الثانية؟

يتشاور الطلاب ضمن مجموعاتهم.

يتدخل المعلم مجيبا: في الآية الأولى يوصينا الله بعدم ...... ، وهي وصيةٌ ممتدةٌ من زمن سيدنا نوح عليه السلام إلى زمن سيدنا محمد صلى الله عليه وسلم، وتعني أمتنا، كما

تعني أمماً غيرنا، لذلك يخشى من تفرقهم في الدين، فجاء الفعل (تتفرقوا) ب(تاءين) ومتلواً بكلمة (فيه).

أما صيغة (....) فقد وردت بعد قوله تعالى: "واعتصموا " وهي وصية محددةٌ، وخاصةٌ بالأمة الإسلامية، وبذلك تكون أمتنا قد شملتها الوصية مرتين: الأولى ضمن الأمم، والثانية خاصةٌ بها، بدليل قوله تعالى: "شَرَعَ لَكُم مِّنَ ٱلدِّينِ مَا وَصَّىٰ بِهِۦ نُوحًا وَٱلَّذِىٓ أَوْحَيْنَآ إِلَيْكَ".

طالب يوجه سؤالا لزملائه: ما تعليل استخدام الاسم الموصول (الذي) مع الفعل(أوحينا) واستخدام الاسم الموصول (ما) مع الفعل (وصى) في الآية الأولى؟

يتشاور الطلاب بعض الوقت قبل الإجابة.

أحد الطلاب: الاسم الموصول (الذي) أكثر تعريفاً ودلالةً، لذلك تم استخدامه مع ما أوحي به لمحمد صلى الله عليه وسلم، وهو وحيٌ معروفةٌ تفاصيله، أما الاسم الموصول (......) فهو أقل تعريفاً، ويجري استخدامه مع المفرد والمثنى والجمع، ومع المذكر والمؤنث، لذلك تم استخدامه مع ما وصى به نوحاً عليه السلام، وهي وصايا لا نعلم تفاصيلها.

ورقة عمل (2)

أعزائي الطلبة:

- **تأملوا الآية الكريمة الآتية:**

﴿وَلَقَدْ ءَاتَيْنَا لُقْمَٰنَ ٱلْحِكْمَةَ أَنِ ٱشْكُرْ لِلَّهِ ۚ وَمَن يَشْكُرْ فَإِنَّمَا يَشْكُرُ لِنَفْسِهِۦ ۖ وَمَن كَفَرَ فَإِنَّ ٱللَّهَ غَنِىٌّ حَمِيدٌ ﴿١٢﴾﴾ (لقمان12)

- **تعاونوا على تعليل ورود الفعل (يشكر) بصيغة المضارع مكرراً مرتين في الآية الكريمة، و ورود الفعل (كفر) بصيغة الماضي مرةً واحدة.**

....

....

من مشاهد الطبيعة في القرآن الكريم

آيات من سورة النحل (10- 18)

الحصة الثانية

النتاجات:

يتوقع منك أيها الطالب في نهاية الحصة أن تكون قادرا على أن:

- **تستخرج:**

محسنا بديعيا معنويا.

أسلوبا إنشائيا.

أسلوب شرط.

- **تتعرف النتائج الناجمة عن بعض الأسباب.**
- **تقرأ من الآيات ما يدل على بعض المعاني.**
- **تميز بين معاني الكلمات المتشابهة لفظا من خلال السياق.**
- **تقدر نعم الله وتحافظ عليها.**

ورقة العمل (1)

أعزائي الطلبة:

- تأملوا الآيات الكريمات صفحة (34).
- تعاونوا على استخراج:

أ- محسن بديعي معنوي، مع بيان نوعه.

الإجابة: المحسن البديعي...................... نوعه: ....

أسلوب إنشائي، مع بيان نوعه.

الإجابة: الأسلوب الإنشائي......................نوعه: ....

ج- أسلوب شرط، مع تحديد أداة الشرط وفعل الشرط وجوابه.

الإجابة: أسلوب الشرط .... أداة الشرط: ....

فعل الشرط: .... جواب الشرط:......................

ورقة العمل (2)

أعزائي الطلبة:

تأملوا الآيات الكريمات ص (34) في كتاب المعارف الأدبية.

تعاونوا على البحث عن النتائج المترتبة على الأسباب الآتية:

السبب	النتيجة
إنزال الماء من السماء.	
تسخير البحر للناس.	

ربط القراءة بالاستيعاب:

عزيزي الطالب، عزيزتي الطالبة:

اقرأ من الآيات الكريمات ما يدل على المعاني الآتية:

- تنوع الخيرات التي من الـله بها على الناس تستدعي التفكر في قدرته.

الإجابة: " ...."

- خلق الـله الجبال لتحفظ توازن الأرض.

الإجابة: " ...."

ورقة العمل (3)

أعزائي الطلبة:

اقرؤوا الجمل الاتية، ثم تعاونوا على التمييز بين معاني الكلمات المتشابهة لفظاً من خلال السياق.

- **الرعاة يسيمون إبلهم في المرعى.**

....

- **الناس في السوق يسومون البضاعة طلبا لابتياعها.**

....

- ﴿ وَإِذْ أَنجَيْنَـٰكُم مِّنْ ءَالِ فِرْعَوْنَ يَسُومُونَكُمْ سُوٓءَ ٱلْعَذَابِ ۖ يُقَتِّلُونَ أَبْنَآءَكُمْ وَيَسْتَحْيُونَ ﴾ **(الأعراف 141)**

....

من مشاهد الطبيعة في القرآن الكريم

آيات من سورة النحل (10- 18)

الحصة الثالثة

النتاجات:

يتوقع منك أيها الطالب في نهاية الحصة أن تكون قادرا على أن:

- **تتعرف وسائل توكيد الخبر في بعض الآيات.**
- **تفاضل بين التراكيب والجمل من حيث قوة المعنى.**
- **تستخرج من الآيات أسلوب تقديم وتأخير.**
- **تستنتج من السياق الدلالات التي توحي بها بعض الكلمات.**
- **تحدد عناصر الجملة الفعلية في عدد من الآيات.**
- **تتعرف مفهوم التوسع في المعنى في القرآن الكريم.**
- **تتذوق بلاغة النظم القرآني مظهرا الإعجاب.**

عزيزي الطالب، عزيزتي الطالبة:

افتح كتاب المعارف الأدبية ص (34)

استعد لبدء عملية التعلم التعاوني.

ورقة العمل (1)

أعزائي الطلبة:

تأملوا العبارتين الآتيتين:

1- إن الـلـه لغفورٌ رحيم.

2- الـلـه غفورٌ رحيم.

تعاونوا على:

- المقارنة بينهما من حيث التركيب ومن حيث المعنى.
- تحديد نوع اللام المتصلة بكلمة (غفور) في التركيب الأول؟
- تحديد اسم إن وخبرها في التركيب الأول.
- تحديد العبارة الأقوى تأثيرا في النفس؟

عزيزي الطالب، عزيزتي الطالبة:

اقرأ الجملتين الآتيتين:

1- ألقى الـلـه في الأرض رواسي. 2- وضع الـلـه في الأرض رواسي.

شارك في المناقشة الآتية:

المعلم: أي الجملتين السابقتين أكثر قوة ودلالة على معنى ثبات الجبال ورسوخها؟

أحد الطلاب مجيبا: الجملة ....

طالب آخر يوجه سؤالا لزميله: هل تستطيع أن تعلل إجابتك؟.

الطالب: الجبال راسية في الأرض، وراسخة في أعماقها، ولا يناسبها الفعل وضع، لأنه يدل على مجرد ترك الشيء على سطح الأرض دون .... ، بينما الفعل

(ألقى) استعمل في مواضع أخرى من القرآن الكريم للدلالة على الرسوخ والتغلغل في.................

أحد الطلاب مخاطبا المعلم: ما رأيك في إجابة زميلنا؟

المعلم يعقب على إجابة الطالب الأول بسؤال: ألديك شواهد وأدلة؟

الطالب: قال تعالى: ﴿ وَأَلْقُوهُ فِى غَيَٰبَتِ ٱلْجُبِّ ﴾ و(غيابة الجب) تعني في أعماق البئر.

وفي آية أخرى قال تعالى: ﴿ سَنُلْقِى فِى قُلُوبِ ٱلَّذِينَ كَفَرُوا۟ ٱلرُّعْبَ ﴾ والفعل (ألقى) هنا يفيد تثبيت الرعب وتغلغله في أعماق قلوبهم، فلا يستطيعون الصمود في وجه المسلمين، ولو أنه قال: وضع في قلوب الذين كفروا الرعب لكان هذا الرعب قابلا للزوال والتزحزح من قلوبهم.

المعلم يوجه سؤاله للطلبة: ما رأيكم في إجابة زميلكم؟

يستمع لعدد من الآراء.

ورقة عمل (2)

أعزائي الطلبة:

تأملوا الآية الكريمة: ﴿ هُوَ ٱلَّذِىٓ أَنزَلَ مِنَ ٱلسَّمَآءِ مَآءً ۖ لَّكُم مِّنْهُ شَرَابٌ وَمِنْهُ شَجَرٌ فِيهِ تُسِيمُونَ ﴿١٠﴾ ﴾ (النحل 10)

تعاونوا في الإجابة عن الأسئلة الآتية:

- ما نوع الضمير (هو) في مقدمة الآية؟ ...... وما إعرابه؟ ....
- قدروا فاعل الفعل (أنزل). فاعله .... يعود على...........
- حددوا المفعول به في الآية .... مفعول به ...... وعلامة ....
- وضحوا التقديم والتأخير في الآية الكريمة ....
- بماذا يوحي لكم ذلك التقديم؟ يوحي ....
- ما الإيحاءات والظلال لكلمة (ماء)؟ ....

ورقة العمل (3)

أعزائي الطلبة:

تأملوا الجملة: " لتأكلوا منه لحما طريا."

تعاونوا معا في الإجابة عن الأسئلة الآتية:

- ما نوع هذ الجملة؟ ....

- حددوا عناصرها. ....

- ما نوع اللام المتصلة بكلمة (تأكلوا)؟ ....

- ما الإعراب الكامل لكلمة (تأكلوا)؟ فعل......... بلام .... وعلامة .... حذف .... لأنه من ....

- بماذا توحي لك كلمة (لحماً طرياً)؟ توحي...

- على من يعود الضمير (الهاء) في كلمة منه؟ يعود على .... في الآية 14 .

عزيزي الطالب، عزيزتي الطالبة:

تأمل الآية الكريمة:﴿ إِنَّ الْمُتَّقِينَ فِي جَنَّاتٍ وَنَهَرٍ ﴿٥٤﴾ ﴾ (القمر 54)

شارك في المناقشة:

المعلم: ما الدلالة التي تفيدها كلمة (نهر) في الآية الكريمة؟

أحد الطلاب: تدل على مجرى................

المعلم يسأل: هل ترون أن لها دلالاتٍ أخرى؟

طالب يجيب: لقد تعلمنا بأن الجنة ليس بها ليل، لذلك قد تدل كلمة (نهر) على الضياء و..........

المعلم: هل من دلالاتٍ أخرى لكلمة (نهر) في سياق الآية؟

طالب آخر: أنا أرى أنها تعني السعة في الرزق، وتعني رغد ....

أحد الطلابُ يسأل زملاءه: ولكن لماذا لا نأخذ بالدلالة الأولى وهي مجرى الماء، فقد اقترن ذكر الجنات في القرآن الكريم دائماً بذكر الأنهار، لذلك فأنا أراها الأكثر رجحاناً.

المعلم يوجه سؤاله للطالب: هل تحفظ شيئاً من ذلك؟

الطالب: ﴿ جَنَّٰتُ عَدْنٍ يَدْخُلُونَهَا تَجْرِي مِن تَحْتِهَا ٱلْأَنْهَٰرُ لَهُمْ فِيهَا مَا يَشَآءُونَ كَذَٰلِكَ يَجْزِي ٱللَّهُ ٱلْمُتَّقِينَ ﴿٣١﴾ ﴾ (النحل 31).

﴿ مَّثَلُ ٱلْجَنَّةِ ٱلَّتِي وُعِدَ ٱلْمُتَّقُونَ فِيهَآ أَنْهَٰرٌ مِّن مَّآءٍ غَيْرِ ءَاسِنٍ وَأَنْهَٰرٌ مِّن لَّبَنٍ لَّمْ يَتَغَيَّرْ طَعْمُهُۥ وَأَنْهَٰرٌ مِّنْ خَمْرٍ لَّذَّةٍ لِّلشَّٰرِبِينَ وَأَنْهَٰرٌ مِّنْ عَسَلٍ مُّصَفًّى وَلَهُمْ فِيهَا مِن كُلِّ ٱلثَّمَرَٰتِ وَمَغْفِرَةٌ مِّن رَّبِّهِمْ كَمَنْ هُوَ خَٰلِدٌ فِي ٱلنَّارِ وَسُقُوا مَآءً حَمِيمًا فَقَطَّعَ أَمْعَآءَهُمْ ﴿١٥﴾ ﴾ (محمد 15).

المعلم: أنا أرى أن جميع الدلالات التي ذكرتموها منطقيةٌ، وقد تكون كلها مقصودة في سياق هذه الآية الكريمة، لأن كلمة (نهر) وردت من غير قرينةٍ ترجح إحدى هذه الدلالات على

غيرها، وهذا من باب التوسع في المعنى، وهو أسلوبٌ مألوفٌ في النظم القرآني.

أحد الطلاب يوجه سؤالا للمعلم: هل توجز لنا تعريفاً للتوسع في المعنى يا أستاذ؟

المعلم: التوسع في المعنى ببساطةٍ: يعني الإتيان بتعبير يحتمل معاني عديدةً، وتكون كلها مرادة.

من شعر التفعيلة "الشيخ ربيع"

لنازك الملائكة

3 حصص

أ

إنه الشيخ ربيع

ذلك الشيخ المرح

ذو الثياب الخضر و الوجه البديع

والجبين المنشرح

كلما طافت خطى نيسان بالدنيا أطلا

من كوى غرفته عذبا طروبا

هاتفا: أهلا وسهلا......

مرحبا نيسان ! قد حان لنا أن نظهرا

ونجوب الأرض وديانا وبيدا وسهوبا

في رداءٍ أخضرا

أيها الشيخ ربيع

أيها الشيخ ربيع

عد إلينا وأطل مكثك فينا

عد إلينا أيها الشيخ ربيع

ب

هذه خطوة نيسان على وجه الحقول

شربت أول بسمه

من شفاه الشمس، والفجر على صدر السهول

لم يزل يسقى ندى الليل، وفي الغابات نسمه

نقلت إنشاد عصفورٍ صغيرٍ :

((عم صباحا أيها الضوء ..)) ورد الآخرون

((حانت اليقظة فلنمرح رفاقي

في حمى الغاب النضير

ولنغن الفجر والشمس وأعناق الغصون

وظلال الغاب حتى تشتكي منا السواقي))

أيها الشيخ ربيع

أيها الشيخ ربيع

عد إلينا وأطل مكثك فينا

عد إلينا أيها الشيخ ربيع

ج

ويرد الشيخ من غرفته عذب المرح:

((يا عصافيري لا تعجلن إني أتزين

بعد حينٍ أرتدي ثوبي الملون

كل لونٍ فيه من قوس قزح

كل خيطٍ وترٌ من أغنيه

كل زر وردةٌ منشيه

أمس أعطانيه خياطي، لماذا

تتعجلن خروجي ؟ عجبا ما سر هذا ؟

أيها الشيخ ربيع

أيها الشيخ ربيع

عد إلينا وأطل مكثك فينا

عد إلينا أيها الشيخ ربيع

د

وأخيرا ها هو الشيخ ربيع

يتمطى قائما ثم يسير

ويداه تنثران الورد في المرج البديع

فوق أعشاش العصافير، على شط الغدير

وله نعلان لا مسمار في كعبيهما

بل أزاهير وأوراقٌ ، ومن لونيهما

تشرب الشمس وتسقي المغربا

قبل أن تلوي خطاها وتضيع

في الذرا خلف الربا

أيها الشيخ ربيع

أيها الشيخ ربيع

عد إلينا، وأطل مكثك فينا

عد إلينا، أيها الشيخ ربيع

من شعر التفعيلة

"الشيخ ربيع"

الحصة الأولى

النتاجات:

يتوقع منك أيها الطالب أن:

- **تنشئ بطاقةً شخصيةً للشاعرة نازك الملائكة.**
- **تقرأ النص قراءة جهرية صحيحة معبرة عن المعنى.**
- **تتعرف معاني الكلمات من خلال السياق الذي وردت فيه.**
- **تستنتج الأفكار الجزئية من النص.**
- **توازن بين أساليب النظم وتفاضل بينها.**
- **تعلل التقديم والتأخير في بعض مقاطع القصيدة.**
- **تتذوق النظم الجيد المؤدي إلى في وضوح المعنى.**

أعزائي الطلبة:

تعاونوا على تعبئة الاستمارة الآتية، لتتضح لنا هوية الشاعرة نازك الملائكة، وسيرتها الذاتية.

الاسم: ....شاعرة عربية، نشأت في أسرة ....

تاريخ الولادة: ....مكان الولادة: ....

تاريخ الوفاة: ....   مكان الوفاة: ....

المؤهلات العلمية: ....

اللغات التي تتقنها: ....المهنة: ....

الهوايات: ....

المؤلفات: ....

عزيزي الطالب، عزيزتي الطالبة:

استمع إلى قراءة المعلم لنص (الشيخ ربيع).

اقرأ النص محاكيا قراءة المعلم، مراعيا الضبط السليم والطلاقة وتمثيل المعنى.

ورقة العمل (1)

أعزائي الطلبة:

اقرؤوا الجمل الآتية:

- أدى الطلاب العمرة ومكثوا في مكة أسبوعا.
- عد إلينا وأطل مكثك فينا. (......................)
- أحب مجالسة صديقي لعذوبة في كلامه.
- ويرد الشيخ من غرفته عذب المرح. (......................)
- يشعر الطالب بنشوة كبيرة عند النجاح.
- كل زرٍ وردةٌ منتشية.(......................)

تعاونوا على:

تعرف معاني الكلمات التي تحتها خط مستعينين بالسياق.

توظيفها في سياقات جديدة ذات معنى.

مكثك: ....

عذب: ....

منتشية:..

عزيزي الطالب، عزيزتي الطالبة:

شارك في المناقشة الآتية:

المعلم يستهل المناقشة: ما الأفكار الجزئية التي نلمحها في المقطع الأول من النص؟

أحد الطلاب مجيبا: وصف الشاعرة للشيخ.....................

المعلم: وماذا أيضا؟

طالب آخر: توضيح لعلاقة الشيخ ربيع الوثيقة بشهر..................

المعلم يستقصي الإجابات : وماذا نلمح أيضا؟

طالب آخر: تعبير عن شوق الشاعرة لعودة فصل ....، ورغبتها في بقائه مدة ....

أحد الطلاب يسأل زملاءه: ما الأفكار التي نلمحها في المقطع الثاني؟

طالب يجيب: تصوير لتأثر الطبيعة بعناصرها المختلفة بقدوم شهر....................

المعلم: ما الأفكار التي نلمحها في المقطع الثالث؟

طالب: نلمح حوارا بين .... و.........................

المعلم محاولا استقصاء الإجابات: وماذا أيضا؟

طالب آخر: تأهب الشيخ ربيع للخروج بزينته التي من اللـه بها عليه.

أحد الطلاب يوجه سؤالا لزملائه: ما الأفكار التي نلمحها في المقطع الأخير من النص؟

طالب آخر: ظهور الشيخ .... ، ونثره .... في كل مكان.

المعلم محاولا استقصاء الإجابات: وماذا أيضا؟

طالب آخر: تأثر أطياف .... عند المغيب بألوان ....

ورقة عمل (2)

أعزائي الطلبة، تعاونوا على:

- الموازنة بين ترتيب الكلمات في المقطعين الآتيين:

1- " حانت اليقظة، فلنمرح رفاقي، في حمى الغاب النضير، ولنغن الفجر والشمس وأعناق الغصون وظلال الغاب حتى تشتكي منا السواقي."

2- " اليقظة حانت، رفاقي فلنمرح، في حمى الغاب النضير،
ولنغن الشمس والفجر والغصون وظلال الغاب حتى تشتكي السواقي منا."

- تعليل اختيار الشاعرة نازك الملائكة للترتيب الأول.

....

....

....

من شعر التفعيلة

"الشيخ ربيع"

الحصة الثانية

النتاجات:

يتوقع منك أيها الطالب أن:

- **تضبط الكلمات ضبطا صحيحا.**
- **تميز بين دلالات الكلمات المتشابهة لفظا.**
- **تفاضل بين التراكيب والجمل.**
- **تتعرف معاني الحروف وأثرها في معنى الجملة.**
- **تكتشف الإيحاءات والظلال لبعض الكلمات.**
- **تنشئ فقرةً تعبر بها عن إعجابك بجمال فصل الربيع.**
- **تظهر ما يدل على إيمانك بقدرة الـلـه على الخلق والإبداع.**

ورقة العمل (1)

أعزائي الطلبة:

اقرؤوا الجمل الآتية قراءة صامتة

1- **حانت اليقظة فلنمرح رفاقي.**

2- **كل زرٍ وردة منتشية.**

3- **ذو الثياب الخضر والوجه البديع.**

4- **نقلت إنشاد عصفور صغير.**

تعاونوا على:

ضبط الكلمات التي تحتها خط بالحركة المناسبة لآخر كل منها.

بيان العلة النحوية لكل حركة.

ورقة العمل (2)

أعزائي الطلبة:

اقرؤوا الجمل الآتية قراءة صامتة.

1- أطل مكثك فينا.

2- أطل البدر من بين السحاب.

3- قبل أن تلوي خطاها وتضيع خلف الربا.

4- يمحق اللـه الربا ويربي الصدقات.

5- عم صباحاً أيها الضوء.

6- "عم يتساءلون".(النبأ 1).

تعاونوا على بيان الفرق في الدلالة بين الكلمات التي تحتها خط في كل جملتين متقابلتين:

....

....

عزيزي الطالب، عزيزتي الطالبة:

تأمل الجمل الآتية:

1- مرحباً نيسان! قد حان لنا أن نظهرا.

2- مرحباً نيسان! حان لنا أن نظهرا.

3- يا عصافيري لا تعجلن إني أتزين.

4- يا عصافيري لا تعجلن أنا أتزين.

5- بعد حينٍ أرتدي ثوبي الملون.

6- ويداه تنثران الورد في المرج البديع.

شارك في المناقشة الآتية:

المعلم: بم تختلف الجملة الأولى عن الجملة الثانية؟

طالب: جملة "حان لنا أن نظهرا " في الأولى سبقت ب... وفي الثانية جاءت من غير...

المعلم: وهل يؤثر هذا في المعنى؟

أحد الطلاب: نعم! " قد " في الأولى زادت المعنى قوة و..............

طالب يوجه سؤالا لزملائه: بم تختلف الجملة الثالثة عن الرابعة؟

طالب آخر: في الجملة الرابعة " أنا أتزين " جملة .... خبرية تخلو من أي...... للمعنى، بينما في الثالثة دخلت عليها " ...... " فزادت الخبر ....، وهذا التأكيد دل على أن ظهور الربيع بكامل زينته أمرٌ حتمي.

أحد الطلاب يوجه سؤالا للمعلم: بم توحي كلمة " الملون " في الجملة الخامسة؟

المعلم: كلمة الملون لها ظلال وارفة، وهي توحي بتنوع .... وأشكالها وأحجامها وألوانها وشذاها، مما يشير إلى جمال فصل .... وبهائه.

المعلم يسأل: بم توحي كلمة " تنثران " في الجملة السادسة.

طالب يجيب: توحي.......... الأزاهير في فصل الربيع وبوفرتها، وبكرم الخالق عز وجل في تزيين بيئة الإنسان، كما توحي بخفة ....ومهارته في توزيع هداياه.

نشاط فردي:

عزيزي الطالب، عزيزتي الطالبة:

أنشئ فقرتين تعبر من خلالهما عن إعجابك بجمال فصل الربيع.

....

....

من شعر التفعيلة

"الشيخ ربيع"

الحصة الثالثة

النتاجات:

يتوقع منك أيها الطالب أن تكون قادرا على:

- **قراءة ما يعرض لك من نصوص قراءة صحيحة.**
- **توضيح التعلق بين الكلمات.**
- **تحديد مواضع التقديم والتأخير في النص.**
- **التمييز بين أساليب الكلام.**
- **تعرف المعاني الظاهرة والضمنية في النص.**
- **توضيح الصور البيانية في بعض التراكيب.**
- **إظهار ميلك نحو الأشياء الجميلة.**

ورقة العمل (1)

أعزائي الطلبة:

تأملوا الجمل الآتية، ثم تعاونوا على اكتشاف نوع التعلق بين الكلمات التي تحتها خط:

1- **ونجوب الأرض ودیانا وبیداً وسهوبا. (تعلق ....)**

2- **هذه خطوة نیسان على وجه الحقول. (تعلق..................)**

3- **شربت أول بسمة من شفاه الشمس. (تعلق................)**

4- **أطل نيسان من كوى غرفته عذباً طروبا. (تعلق.............)**

عزيزي الطالب، عزيزتي الطالبة:

تأمل الأبيات الآتية:

نيسان قلبي للزهور طروب | والزهر فيك مميزٌ محبوب

والطيب منك يضوع فينا نشره | إذ ما يحين من النسيم هبوب

وأرى فراش الحقل يهمس قائلاً | للزهر إني في هواك أذوب

والزهر ينأى تائهاً بجماله | والتيه طبعٌ في الزهور عجيب

شارك في المناقشة

المعلم: ما الأسلوب الذي اتبعه الشاعر في البيت الأول؟

طالب: أسلوب نداء، فتقدير الكلام (يا ....).

أحد الطلاب يوجه سؤالا لزميله: ماذا يريد الشاعر من نيسان؟

أحدهم يجيب: يريد أن يقول له: أنه يطرب ....

المعلم يستثير تفكيرهم قائلا: وما شأن نيسان بذلك؟

طالب يبادر: لأن نيسان................، وتكثر فيه ....

المعلم: هل ينطوي نظم هذا البيت على شيءٍ من التقديم والتأخير.

الطلبة يفكرون قليلا، ثم يبادر أحدهم قائلا: كأن الشاعر أراد أن يقول: يا نيسان قلبي طروبٌ للزهور، والزهر مميزٌ فيك ومحبوبٌ، فقدم الجار والمجرور (............) على خبر المبتدأ (............) وذلك للأهمية، وقدم الجار والمجرور (فيك) على خبر المبتدأ (مميز) لأن (الكاف) فيه تعود على ....، ونيسان محور الحديث.

أحد الطلاب يوجه سؤاله لزملائه: من منكم يستنتج معنى (يضوع) من سياق البيت الثاني؟

طالب آخر: بما أن (يضوع) فعل ، وهو متعلقٌ بفاعله (.......)، والنشر هو الرائحة الطيبة، فأنا أقدر أن معنى (يضوع) هو: ....

طالب يسأل المعلم: ما إعراب كلمة (قائلاً) الواردة في الشطر الأول من البيت الثالث؟

المعلم: كلمة (قائلاً) في ذاك الموقع تعرب (حالاً).

الطالب: وأين صاحب الحال يا أستاذنا؟

أحد الطلاب يستأذن المعلم للإجابة على السؤال، فيقول: صاحب الحال هو: كلمة (فراش).

المعلم: ما إعراب كلمة (تائهاً) في البيت الأخير؟

طالب آخر: أظنها (...........).

المعلم للطلبة: من يوافق زميلكم على إجابته؟

يتم الاستماع لعدد من الآراء

أحد الطلاب : ومن صاحب هذه الحال؟

طالب آخر: صاحبها كلمة (.........) في بداية البيت.

نشاط صفي زمري:

أعزائي الطلبة:

تعاونوا على البحث عن حالات أخرى من التقديم والتأخير في الأبيات السابقة.

يتشاور الطلبة ضمن مجموعاتهم.

ورقة العمل (2)

أعزائي الطلبة:

اقرؤوا الجمل الآتية قراءة صامتة، ثم تعاونوا على تحديد نوع الأسلوب في كل منها:

أيها الشيخ ربيع. (أسلوب.......................)

فلنمرح رفاقي. (.................................)

لماذا تتعجلن خروجي. (..............................)

لا تعجلن إني أتزين. (...............................)

عزيزي الطالب، عزيزتي الطالبة:

اقرأ المقطع الآتي:

"هذه خطوة نيسان على وجه الحقول

شربت أول بسمة من شفاه الشمس

والفجر على صدر السهول لم يزل

يسقى ندى الليل".

شارك في المناقشة الآتية:

المعلم متسائلا: تقول الشاعرة: " هذه خطوة نيسان " فهل نيسان يمشي؟

طالب: نيسان ليس كائنا حياً حتى ..... ، ولكن الشاعرة شبهته ب..... يمشي خطوة خطوة.

المعلم: هل لك أن توضح لنا التشبيه؟

الطالب: المشبه .....، والمشبه بـه.....، أداة التشـبيه محذوفـة، وجـه الشـبه هـو التـدرج في التقدم.

ولكن الشاعرة حذفت...... وهو الإنسان، وأبقت شيئا من لوازمه وهو..... ، وذلك على سبيل الاستعارة ....

طالب يسأل المعلم: ولكن ما هدف الشاعرة من هذه الصورة؟

المعلم يجيب: بيان الهيئة التي يحل فيها شهر نيسان في الطبيعة، وهي الحلول التدريجي لفصل الربيع.

المعلم لافتا النظر: انظروا معي إلى قول الشاعرة: " شربت أول بسمة من شفاه الشمس "

المعلم يوجه سؤالا: من منكم يعين فاعل شرب؟

طالب: ضمير .... تقديره " ...... " يعود على .... في السطر السابق.

طالب يسأل زميله: وهل الخطوة تشرب؟ وهل للشمس شفاه يشرب منها؟

أحد الطلاب يجيب: المعاني الظاهرة لكلمتي "الشرب" و"الشفاه" في هذا السطر ليست مقصودة إطلاقا لدى الشاعرة، وكأني بها تريد معنى ضمنياً أبعد من ذلك، وهو أن شهر نيسان يمثل بدايات موسم الدفء بعد رحيل برد الشتاء، وأن هذا الدفء مستمد من ....، وأنه ضروري لنمو النباتات وتفتح الأزهار.

ورقة العمل (3)

أعزائي الطلبة:

تأملوا السطر الشعري الآتي: " شربت أول بسمة من شفاه الشمس ".

تعاونوا على توضيح الصور البيانية فيه بملء الفراغات فيما يلي:

شبهت الشاعرة خطوة نيسان ب........، ثم حذفت .... وهو .... وأبقت شيئا من لوازمه وهو الفعل .... وذلك على سبيل الاستعارة ....

ومن ناحية أخرى شبهت عملية تجرع شهر نيسان للدفء من .... بعملية تجرع الإنسان للماء من الكأس، غير أنها حذفت .... وصرحت بلفظ ....، وذلك على سبيل الاستعارة ....

وشبهت الشمس بكأس له شفة يشرب منها الماء، و حذفت ....، وأبقت شيئا من لوازمه وهو كلمة ....وذلك على سبيل الاستعارة ....

ومن ناحية أخرى شبهت الشاعرة عملية تزويد .... لنيسان بالدفء بعملية تزويد الكأس للإنسان ....، غير أنها حذفت ....، وصرحت بلفظ .... وذلك على سبيل الاستعارة ....

الوحدة الثالثة

آفاق المكان

من الأدب الجاهلي

"الطلل والرحلة"

لعبيد بن الأبرص

3 حصص

أمن منزلٍ عافٍ ومن رسم أطلال بكيت؟ وهل يبكي من الشوق أمثالي؟

ديارهم إذ هم جميعٌ فأصبحت بسابس إلا الوحش في البلد الخالي

قليلًا بها الأصوات إلا عوازفًا عرارًا زمارًا من غياهيب آجال

فإن تك غبراء الخبيبة أصبحت خلت منهم واستبدلت غير أبدال

فقدمًا أرى الحي الجميع بغبطةٍ بها والليالي لا تدوم على حال

أبعد بني عمي ورهطي وإخوتي أرجي ليان العيش ضلا بتضلال

ألا تقفان اليوم قبل تفرقٍ ونأيٍ بعيدٍ واختلافٍ وأشغال

إلى ظعنٍ يسلكن بين تبالةٍ وبين أعالي الخل لاحقة التالي

فلــما رأيــت الحــاديين تكمشــا	نــدمت عــلى أن يــذهبا نــاعمي بــال
رفعنــا علــيهن الســياط فقلصــت	بنــا كــل فــتلاء الــذراعين مرقــال
فألحقنــا بــالقوم كــل دفقــةٍ	مصــدرةٍ بالرحــل وجنــاء شــملال
فملنــا ونازعنــا الحــديث أوانسًــا	علــيهن جيشــانيةٌ ذات أغيــال
وملــن إلينــا بالســوالف والحــلى	وبــالقول فــيما يشــتهي المــرح الخــالي
كــأن الصــبا جــاءت بــريح لطيمــةٍ	مــن المســك لا تســطاع بــالثمن الغــالي

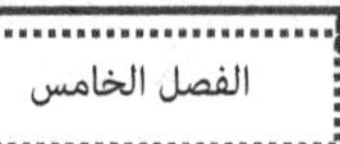

من الأدب الجاهلي

الطلل والرحلة

الحصة الأولى

النتاجات:

يتوقع منك أيها الطالب في نهاية الحصة أن:

- **تتعرف جو النص ومفهوم ظاهرة الطلل.**
- **تقرأ النص قراءة جهرية صحيحة معبرة عن المعنى.**
- **تتعرف مفهوم الالتفات وموضعه في البيت الأول.**
- **تتعرف معاني الكلمات من خلال السياق الذي وردت فيه.**
- **تحدد موضع الحذف وتستنتج المحذوف من السياق.**
- **تعبر عن مشاعر إيجابية تجاه وطنك وأهلك.**

عزيزي الطالب، عزيزتي الطالبة:

تعاون وأفراد مجموعتك على تعبئة الاستمارة الآتية بما يوضح السيرة الذاتية للشاعر عبيد بن الأبرص.

الاسم..............................الكنية:...............................

القبيلة:............العصر الذي عاش فيه:...........................

وفاته: ....

تعلق كل مجموعة البطاقة التي أعدتها للشاعر على السبورة لمناقشتها.

استمع إلى قراءة المعلم للقصيدة.

اقرأ القصيدة قراءة جهرية محاكيا قراءة المعلم.

شارك في المناقشة الآتية:

المعلم يسأل: على من يعود الضمير في الفعل (بكيت) في البيت الأول؟

أحد الطلاب يجيب: يعود على ....

المعلم: وعلى من يعود الضمير في كلمة (أمثالي) من البيت ذاته؟

طالب آخر: يعود على ....

طالب يسأل المعلم: ما سر التنوع في لغة الخطاب في بيت واحد؟

المعلم مجيبا: بدايةً جرد الشاعر من نفسه شخصاً آخر - على عادة شعراء العصر الجاهلي - وراح يسائله: هل تبكي من مجرد رؤية منزل محيت آثاره؟ ثم استدرك الشاعر، وتساءل مستغرباً ومستهجناً بكاءه بقوله: (وهل يبكي من الشوق أمثالي؟!)

المعلم يسأل الطلبة: لقد نظم الشاعر الكلمات في بيته الشعري وفق ترتيبها في نفسه، فماذا يسمى التنقل بين أنواع الضمائر في لغة الخطاب؟

طالب يبادر: يسمى (الالتفات)، وهو من محسنات الكلام.

طالب آخر يسأل المعلم عن مفهوم الالتفات.

يوضحُ المعلم مفهوم الالتفات في البلاغة العربية، ويعمم قاعدته.

(الالتفات يعني التحول في التعبير بين أسلوب التكلم والخطاب والغياب بعد أن تبدأ العبارة بأحدها، وذلك لفائدة بلاغية).

ورقة العمل (1)

أعزائي الطلبة، تعاونوا على:

استنتاج معاني المفردات التي تحتها خط فيما يلي، مستعينين بالسياق الذي وردت فيه.

- أمن منزلٍ عافٍ ومن رسم أطلال بكيت؟
- ديارهم إذ هم جميعٌ فأصبحت بسابس إلا الوحش في البلد الخالي.
- فقدماً أرى الحي الجميع بغبطةٍ بها والليالي لا تدوم على حال.

توظيف تلك المفردات في سياقات جديدة ومفيدة من إنشائكم.

عزيزي الطالب، عزيزتي الطالبة:

شارك في المناقشة الآتية:

المعلم: من يقرأ البيت الثاني؟

طالب يقرأ: ديارهم إذ هم جميع فأصبحتبسابس إلا الوحش في البلد الخالي.

المعلم: كيف كانت حال الديار عندما كان أهلها مجتمعين فيها؟

أحد الطلاب: كانت.......................................

المعلم: وكيف استنتجت ذلك؟

الطالب: لأن جملة (فأصبحت بسابس إلا من الوحش) وصفت لنا حال الديار بعد رحيل أهلها عنها وهذا أيضاً يوحي لنا بالحال التي كانت عليها تلك الديار قبل الرحيل.

طالب آخر يعقب: كأن زميلنا يريد أن يقول بأن كلمةً ما قد حذفت من البيت.

الطالب: نعم، لقد حذف الشاعر خبر المبتدأ (ديار).

طالب يسأل زميله: هل تقدر لنا الخبر المحذوف؟

الطالب: الخبر المحذوف (...........)، وتقدير أصل الكلام: ديارهم عامرةٌ إذ هم جميع. وهذا الحذف أضفى جمالاً على نظم البيت.

من الأدب الجاهلي
"الطلل والرحلة"

الحصة الثانية

النتاجات:

يتوقع منك أيها الطالب في نهاية الحصة أن:

- **تميز بين أساليب التعبير المختلفة.**
- **تتعرف الغرض من توظيف أسلوب الاستفهام في النظم.**
- **تحدد أسلوب الشرط وأركانه في بعض الأبيات.**
- **تصف الدلالة الإيحائية لبعض العبارات الواردة في النص.**
- **تنظم بعض الكلمات الواردة في النص في سياقات جديدة.**
- **تحدد مواضع التقديم والتأخير في النص.**
- **تبدي تعاطفاً مع قضية الشاعر المتمثلة في تفرق أهله وبعده عن موطنه.**

عزيزي الطالب، عزيزتي الطالبة:

شارك في الإجابة عن الأسئلة الآتية:

- **ما مفهوم ظاهرة الطلل؟**
- **ما مفهوم الالتفات؟**
- **ما الدلالة الإيحائية لكلٍ من: (إذ هم جميع) (أصبحت بسابس)**

تأمل العبارتين الآتيتين:

- **وهل يبكي من الشوق أمثالي؟**
- **فلما رأيت الحاديين تكمشا ندمت على أن يذهبا ناعمي بال**

شارك في المناقشة الآتية:

المعلم: ما نوع الأسلوب في الجملة الأولى؟

أحد الطلاب: أسلوب.......................

المعلم: ما أداة الاستفهام المستخدمة؟

طالب آخر: (.......).

طالب يسأل: ما المعنى الذي تفيده (هل) في هذا الأسلوب؟

طالب يجيب: تفيد ....، أي أن الجواب عليها يكون ب(نعم) أو (.....).

يتدخل المعلم متسائلا: وكيف اهتديت إلى هذه الإجابة؟

الطالب: من سياق الكلام، فالاستفهام ب (هل) لا يكون إلا بالتصديق، ولا يكون بالتصور.

طالب يوجه سؤاله للمعلم: ما المعنى المستفاد من أسلوب الاستفهام في هذا السياق؟

المعلم مجيبا: الاستفهام في هذا السياق خرج عن معناه .... إلى ......، فكأن الشاعر ينكر على نفسه البكاء من الشوق حتى لا يتهم بالضعف والنزق العاطفي.

طالب يبادر بسؤال زملائه: ما نوع الأسلوب في الجملة الثانية؟

أحد الطلاب: أسلوب ....

المعلم: من يحدد لنا أركان جملة الشرط؟

أحد الطلاب: أداة الشرط (..) جملة الشرط (رأيت الحاديين تكمشا) جملة جواب الشرط: (..).

المعلم يوجه سؤالا للطلاب: ما سبب ندم الشاعر؟

طالب يبادر: لأن الحاديين مضيا ناعمي بال.

المعلم يسأل الطالب: ماذا تقصد بالحاديين؟

الطالب: الحاديان مثنى، ومفردها.......، والحادي رجلٌ يغني للإبل ليحثها على السير.

المعلم سائلا: ما الدلالة الإيحائية لعبارة (ناعمي بال)؟

أحد الطلاب مجيبا: في هذه العبارة كناية عن صفة، وهي أن الحاديين قد مضيا ....،

ولم يعاقبا على .... في حث الإبل على المسير.

المعلم: وكيف اهتديت لذلك التقصير منهما؟

الطالب مستنتجا: هناك دليلان، أحدهما في البيت ذاته، وهو كلمة (تكمشا) والدليل الآخر في البيت الذي يليه، حيث يقول الشاعر: " رفعنا عليهن السياط فقلصت بنا كل فتلاء الذراعين مرقال" أي أنه وأصحابه رفعوا السياط على الإبل لتسرع في السير.

طالب يوجه سؤالا لزملائه: ما المعنى الذي تفيده كلمة السياط؟

أحدهم يبادر بالإجابة: السياط جمع، ومفرده .... ، وهو أداة مكونة من عصاً في طرفها قطعة من .... أو الجلد تساق به الدابة.

المعلم: ما المقصود بكلمة (مرقال)؟

طالب يجيب: (مرقال) .... في مشيها.

المعلم: ما الدلالة الإيحائية لعبارة (فتلاء الذراعين)؟

أحد الطلاب: في هذا التعبير كناية عن موصوف، وهي ....، وكونها فتلاء الذراعين يستلزم أن تكون قوية، وقوتها سببٌ في سرعتها.

ورقة عمل (1)

أعزائي الطلبة:

عودوا إلى نص (الطلل والرحلة) وتعاونوا في إطار مجموعتكم على استخراج:

- أسلوب استفهام، وبيان الغرض منه.
- أسلوب شرط ، وبيان أركانه.

(على أن يكون من غير ما تمت معالجته).

أسلوب الاستفهام: ....؟)

أداة الاستفهام: (......) وتفيد ....، وتكون الإجابة عليها إما ب (....)

أو ب (.......).

الغرض من الاستفهام : ...، فالشاعر ينكر على نفسه التمتع بعيشٍ ناعم لين بعد فراق أهله.

أسلوب الشرط: " ...."

" ...."

أداة الشرط: (......).

جملة الشرط: " ....".

جملة جواب الشرط: " ....".

نشاط صفي:

عزيزي الطالب، عزيزتي الطالبة:

اقرأ الأبيات الآتية:

أمن منزلٍ عافٍ ومن رسم أطلال بكيت؟ وهل يبكي من الشوق أمثالي؟

أبعد بني عمي ورهطي وإخوتي أرجي ليان العيش ضلا بتضلال

رفعنا عليهن السياط فقلصت بنا كل فتلاء الذراعين مرقال

وظف الكلمات التي تحتها في سياقات جديدة محاكياً أسلوب الشاعر.

ورقة عمل (2)

أعزائي الطلبة:

عودوا إلى قصيدة (الطلل والرحلة) وتأملوا مطلعها.

تعاونوا على تحديد موضع التقديم والتأخير في البيت الأول، وبيان ما حقه التقديم وما حقه التأخير.

- تقدم لفظ (......) وتأخر لفظ (......)، وتقدير الكلام أن يتم على النحو الآتي:

(أبكيت من منزلٍ عافٍ ومن رسم أطلال؟!)

وقد تم التقديم لأهمية المتقدم، لأن محور الحديث هو الطلل، وهو بقايا المنزل.

- تقدم لفظ (.......) وتأخر لفظ (.......) في الشطر الثاني، والغاية من ذلك بيان أهمية المتقدم، لأن الشوق هو السبب في بكاء الشاعر.

وتقدير الكلام أن يتم على النحو الآتي: (وهل يبكي أمثالي من الشوق؟!)

من الأدب الجاهلي

الطلل والرحلة

الحصة الثالثة

النتاجات:

يتوقع منك أيها الطالب أن:

- **تتعرف مفهوم التذييل.**
- **توضح علاقة التذييل بما قبله في البيت الخامس من النص.**
- **تحدد بعض مواطن الحذف وتقدر المحذوف.**
- **تتعرف الغرض من تكرار بعض الكلمات في القصيدة.**
- **تحدد بعض مواضع الإسناد في النص.**
- **تكتب فقرةً تصف فيها الجو النفسي للشاعر كما ظهر في ثلاثة الأبيات الأخيرة.**
- **تظهر ميلاً نحو قراءة الشعر العمودي وحفظه.**

عزيزي الطالب، عزيزتي الطالبة:

تأمل البيتين الآتيين:

فإن تك غبراء الخبيبة أصبحت خلت منهم واستبدلت غير أبدال

فقدماً أرى الحي الجميع بغبطةٍ بها، والليالي لا تدوم على حال

تعاون وأفراد مجموعتك على إعداد أسئلة حول ما تضمناه من معانٍ.

الطلاب يسألون والمعلم يجيب:

طالب: ماذا قصد الشاعر بغبراء الخبيبة؟

المعلم: غبراء الخبيبة يا بني مكانٌ يجتمع فيه قوم الشاعر، ويوحي بهذا المعنى قوله: (خلت منهم).

طالب آخر: إذا كانت (إن) أداة شرط وما بعدها فعل الشرط فأين جواب الشرط الذي يتمم المعنى؟

المعلم مجيبا: لو تأملنا البيتين لوجدناهما مترابطين في المعنى، فكأن الشاعر أراد أن يقول: إن كانت غبراء الخبيبة خاليةً من قومي الآن فإنها قديماً كانت مجتمعاً لهم، وبناءً على ذلك يكون جواب الشرط (فقدماً) وما بعدها، وبذلك يتم المعنى.

طالب يسأل: ما علاقة جملة (والليالي لا تدوم على حال) بما قبلها؟

المعلم: إذا كان حال قوم الشاعر قد تبدل من الاجتماع إلى التفرق فليس غريباً ذلك، فهذه حال الدنيا، وهذا هو ديدن الليالي المتغيرة، وبذلك يا أبنائي تكون جملة (والليالي لا تدوم على حال) خاتمةً منطقيةً منسجمةً مع ما قبلها.

طالب آخر معقبا: كثيراً ما أسمع هذه العبارة من بعض كبار السن، وهم يتمثلون بها على تغير أحوال الزمان وتقلبها.

المعلم: أحسنت يا بني، فهذه العبارة بمعزلٍ عن بقية البيت تصلح لأن تكون مثلاً يضرب في مواقف أخرى مماثلة، ولذلك اختارها الشاعر ليختم بها بيته الشعري، وتكون منسجمة معنىً مع بقية مفردات البيت.

أحد الطلاب: وهل هذا الأسلوب شائعٌ في الأدب العربي؟

المعلم: أجل يا بني، فهذا في علم البلاغة تذييلٌ يجري مجرى المثل، وكثيراً ما يتخذه الشعراء خاتمةً لبعض أبياتهم.

ورقة عمل (1)

أعزائي الطلبة:

عودوا إلى البيتين السابقين، وتعاونوا على:

- تحديد مواضع الحذف فيهما.
- تقدير المحذوف.

في جملة (واستبدلت غير أبدال) كلمة محذوفةٌ تقديرها: (.........) يدل عليها

السياق، وتقدير الكلام على النحو الآتي: (واستبدلت أبدالاً غير أبدال).
في جملة (فقدماً أرى الحي الجميع بغبطةٍ) كلمة محذوفة تقديرها: (........) يدل عليها السياق، وتقدير الكلام على النحو الآتي: (فقدماً كنت أرى الحي الجميع بغبطةٍ).

عزيزي الطالب، عزيزتي الطالبة:

تأمل الأبيات الشعرية الآتية:

فملنـــا ونازعنـــا الحـــديث أوانســـاً   علـــيهن جيشـــانيةٌ ذات أغيـــال

وملـــن إلينـــا بالســـوالف والحـــلى   وبـــالقول فـــيما يشـــتهي المـــرح الخـــالي

كـــأن الصـــبا جـــاءت بـــريحٍ لطيمـــةٍ   مـــن المســـك لا تســـطاع بـــالثمن الغـــالي

تعاون وأفراد مجموعتك على إعداد أسئلة حول ما تضمنته الأبيات من معانٍ.

الطلاب يسألون والمعلم يجيب:

أحد الطلاب: ما الغاية من تكرار الفعل (مال) في الأبيات؟

المعلم: في البيت الأول ذكر الشاعر كلمة (ملنا)، وحذف بعض الكلمات بعدها، لنستدل عليها من السياق، فكأنه أراد أن يقول: ملنا إلى المكان ونازعنا الحديث أوانساً.

وفي البيت الثاني ذكر كلمة (ملن)، والنون فيها نون نسوةٍ عائدةٌ على الأوانس في البيت السابق، وأتبعها بكلمة (إلينا)، وبذلك يكون معنى (ملن إلينا) أقبلن علينا بوجوههن وقلوبهن.

طالب آخر: ما معنى جيشانيةٌ ذات أغيال؟

المعلم: نوعٌ من اللباس ترتديه النساء.

طالب: كيف كانت حال النساء اللواتي أشار إليهن الشاعر؟

المعلم يجيب في نقاط:

- يرتدين ملابس جميلةً وأنيقة.
- يتزين بالحلي والمجوهرات.
- يتحدثن حديثاً أنثوياً يطرب له الرجل.
- تضوع منهن رائحة المسك.

طالب: ماذا قصد الشاعر بقوله: (لا تسطاع بالثمن الغالي)؟

المعلم: أراد الشاعر أن المسك الذي تتطيب به تلك الأوانس من أفخر أنواع الطيب، ويصعب الحصول عليه حتى بأغلى الأثمان، وفي هذا القول إيحاءٌ بالثراء والتنعم لديهن.

ورقة عمل (2)

أعزائي الطلبة:

تأملوا الأبيات الآتية:

ألا تقفان اليوم قبل تفرقٍ ونأيٍ بعيدٍ واختلافٍ وأشغال

فألحقنا بالقوم كل دفقةٍ مصدرةٍ بالرحل وجناء شملال

كأن الصبا جاءت بريحٍ لطيمةٍ من المسك لا تسطاع بالثمن الغالي

تعاونوا على تحديد المسند والمسند إليه فيما تحته خط.

في البيت الأول المسند هو الفعل (.......)، والمسند إليه هو الفاعل (..................).

في البيت الثاني المسند هو الفعل (.........)، والمسند إليه هو الفاعل (............).

في البيت الثالث المسند هو الخبر (.......)، وهو جملةٌ فعلية، والمسند إليه هو (.......).

نشاطٌ إثرائي:

عزيزي الطالب عزيزتي الطالبة:

اكتب فقرةٍ، تصف من خلالها الجو الاجتماعي والنفسي للشاعر عبيد بن الأبرص، مستعينا بما ورد في ثلاثة الأبيات الأخيرة من قصيدة (الطلل والرحلة).

الفصل السادس

دليل المعلم إلى تطبيق البرنامج التعليمي

الفصل السادس

دليل المعلم إلى تطبيق البرنامج التعليمي

دليل المعلم

أخي المعلم:

هذا الدليل وضع ليسهل عليك تطبيق البرنامج التعليمي القائم على نظرية النظم، ويستغرق تطبيقه خمس عشرة حصة درسية، ويتوقع من الطالب بعد تطبيقه وتنفيذ نشاطاته أن:

- **يطور قدراته على فهم النصوص الأدبية واستيعاب مضامينها.**
- **يبني معرفة لغوية تتصل بتاريخ الأدب العربي القديم والمعاصر.**
- **يوظف المعرفة اللغوية في فهم النصوص الأدبية بالسياق التاريخي لها.**
- **يبني معرفة تتصل بالتذوق الأدبي تعينه على فهم النصوص وتصنيفها وتقويمها.**
- **يتمكن من تفسير الظواهر الأدبية والوقوف على أسبابها ونتائجها.**
- **يعتاد دقة الملاحظة ودقة التعبير وحسن العرض.**
- **يظهر إعجابه بالإعجاز اللغوي للقرآن الكريم، ويقبل على تلاوة كتاب الله وتدبر آياته.**
- **تنمو لديه اتجاهات إيجابية نحو اللغة العربية، وجمالياتها فيتخذها لغة حياة.**
- **يقدر إبداعات الآخرين حق قدرها، ويبدي الاحترام لأصحابها.**

استراتيجيات التعليم والتعلم المتبعة في البرنامج:

استراتيجية المناقشة الموجهة:

يستطيع الطالب بهذه الاستراتيجية المشاركة بفاعلية عن طريق الاستماع إلى أسئلة المعلم والإجابة عنها، كما يمكنه المبادرة بطرح أسئلة على المعلم أو على زملائه، وانتظار الإجابات، والتعقيب عليها بوجهات نظر مناسبة، في جو من التبادل المعرفي الذي يؤدي إلى استيعاب المعنى، وصقل مهارة التذوق الأدبي. ومن أجل إنجاح هذه الاستراتيجية لا بد لك من:

- **قراءة الأسئلة التي أعدها الباحث بتمعن، وقراءة إجاباتها.**
- **التدرج في توجيه الأسئلة للطلبة.**
- **استقصاء كافة الإجابات المحتملة للسؤال الواحد.**
- **توظيف أسلوب التعزيز الإيجابي عقب الإجابات الصحيحة، لإذكاء روح المناقشة.**
- **تعميم الإجابات الصحيحة.**
- **إتاحة الفرصة لجميع الطلبة للمشاركة في المناقشة.**
- **تشجيع الطلبة على توجيه الأسئلة للمعلم.**
- **إتاحة الفرصة للطلبة للتعقيب على الإجابات المعروضة.**
- **تبادل الأدوار بين المعلم والطلبة في توجيه الأسئلة والرد عليها.**

استراتيجية التعلم التعاوني:

يستطيع الطالب بهذه الاستراتيجية أن يمارس التعلم التعاوني، والمشاركة بفاعلية في النشاطات وأوراق العمل، وتقاسم الأدوار مع زملائه، والتعبير عن آرائه في إطار المجموعة الواحدة، واستمطار الأفكار، والموازنة بينها، والحكم عليها، وقبول المنطقي منها، واستبعاد غير المنطقي وغير الملائم. ومن أجل إنجاح هذه الاستراتيجية لابد لك من:

- **تهيئة البيئة المكانية وتأمين وضعية الجلوس الصحيحة للطلبة.**
- **تقسيم الطلبة إلى مجموعات، وتعيين مقرر لكل مجموعة.**
- **توزيع المهام بين المجموعات وتقدير الزمن المناسب لكل نشاط.**
- **التقيد بأوراق العمل والنشاطات التي أعدها الباحث في البرنامج التعليمي.**
- **متابعة عمل المجموعات وتقديم الإرشادات اللازمة.**
- **إتاحة الفرصة لكل مجموعة لعرض ما توصلت إليه من نتائج أو إجابات.**
- **حث الطلبة على التزام النظام والتعاون، وعدم السخرية من إجابات بعضهم.**

الوسائل التعليمية:

للمساعدة في تنفيذ نشاطات البرنامج وتدريباته، وتحقيق أعلى درجة من المشاركة الصفية ينبغي توظيف عدد من الوسائل التعليمية في أثناء تطبيق البرنامج، وهي: أوراق العمل، والسبورة، والكتاب المدرسي، والمسجل الصوتي وجهاز العرض فوق الرأسي.

أساليب التقويم:

ينبغي استخدام التقويم التكويني من خلال الأسئلة الشفوية والمكتوبة، وأوراق العمل والملاحظة المباشرة، وهي موصوفة في المخطط الدرسي لكل حصة، و لا يتم الانتقال من درس إلى آخر إلا بعد الانتهاء من نشاطاته وإتقان مهاراته، وبعد تطبيق البرنامج يجرى تقويم ختامي بإعادة تطبيق اختباري استيعاب المعنى والتذوق الأدبي.

أخي المعلم:

تأمل الخطة الدرسية المثبتة في بداية كل حصة، لتتعرف أهداف الدرس وإجراءات التنفيذ والوسائل التعليمية وطرق التقويم.

الخطة الدرسية للحصة الأولى "آيات من سورة فاطر"

النتاجات	الإجراءات		الوسائط التعليمية	التقويم
	دور المعلم	دور الطالب		
- يقرأ الآيات الكريمة قراءة جهرية صحيحة. - يحدد الفكرة المحورية في الآيات. - يضع عناوين مناسبة لمعنى الآيات. - يستخرج من الآيات: - كلمات متضادة في المعنى. - أسلوبا إنشائيا. - يتعرف الأسباب التي أدت إلى النتائج. - يتدبر نصاً قرآنياً، ويتعرف أساليب النظم فيه. يضع أمام عينيه مخافة الله والخشية من يوم الحساب.	- يهيئ للدرس - يقرأ قراءة القدوة - ينظم الأدوار - يوزع أوراق العمل - يتابع النشاطات - يعزز - يقدم تغذية راجعة	- يستمع إلى - قراءة المعلم - يحاكي قراءة المعلم - يستنتج الأفكار - يضع عناوين جديدة - يشارك في التعلم التعاوني	- السبورة الكتاب المدرسي - أوراق العمل	- طرح الأسئلة - واجب بيتي - ملاحظة الأداء

آيات من سورة فاطر

3 حصص

الحصة الأولى

أخي المعلم:

- **وجه بعض الأسئلة لاستثارة انتباه الطلبة نحو الموضوع.**
- **وجه انتباههم إلى السبب الكامن وراء المنجزات الإنسانية، وهو العلم.**
- **الفت انظارهم إلى موقف الإسلام من تحصيل العلم.**
- **استحضر وإياهم شواهد وأدلة تحث على طلب العلم.**
- **استعن بالصورة المصاحبة للنص في الصفحة الأولى كوسيلة تعليمية.**
- **ناقش الطلبة في مكونات الصورة، رابطا محتواها بالفكرة العامة للدرس.**

القراءة الصامتة:

- **كلف الطلبة قراءة النص قراءة صامتة، مذكرا إياهم بشروطها، وبأنك ستطرح عليهم بعض الأسئلة بعد انتهائهم منها.**
- **خصص للقراءة الصامتة وقتا مناسباً لمستويات الطلبة.**
- **وجه لهم بعض الأسئلة لتكشف عن مستوى الفهم العام للنص.**

القراءة الجهرية:

- **ذكر الطلبة بآداب الإنصات إذا قرئ القرآن الكريم.**
- **اقرأ الآيات قراءة قدوة مراعيا قواعد التجويد، أو أسمعهم الشريط المسجل.**
- **كلف بعض الطلبة قراءة النص قراءة اقتفاء ومحاكاة، مبتدئا بالمجيدين منهم.**
- **كن يقظا للأخطاء القرائية التي قد يقعون فيها.**
- **تجنب التصويب المباشر من قبلك لتلك الأخطاء.**
- **أفسح المجال للطالب المخطئ لتصويب خطئه بنفسه، لافتا نظره إلى موقع الخطأ وإلى إمكانية الاستفادة من الموقع الإعرابي للكلمة في تصحيح أخطاء**

الضبط، فإذا لم يفلح حول المهمة لطالـب آخـر، فـإذا لم يفلـح الطلبـة في ذلـك تـدخل أخيرا.

- عزز أصحاب القراءات الصحيحة تعزيزا منوعا بالثناء اللفظي، أو بالتعزيز المادي.

بطاقة الإجابة لورقة العمل الأولى:

أ-

الكلمة	ضدها
الأعمى	البصير
الظلمات	النور
الأحياء	الأموات
بيض	سود

التضاد في المعنى نوع من المحسنات البديعية يسمى: طباقا

ب-

الأسلوب الإنشائي	نوعه
ألم تر أن الـلـه أنزل من السماء ماء	استفهام
فكيف كان نكير	استفهام

بطاقة الإجابة لورقة العمل الثانية:

النتيجة	السبب
- أخذ الـلـه الذين كفروا بالعذاب	تكذيبهم الرسل
- خروج الثمرات المختلفة الألوان.	إنزال الـلـه الماء على النباتات من السماء

▪ اعرض الآيتين الآتيتين على السبورة:

﴿ يَٰٓأَيُّهَا ٱلنَّاسُ ٱتَّقُواْ رَبَّكُمْ وَٱخْشَوْاْ يَوْمًا لَّا يَجْزِى وَالِدٌ عَن وَلَدِهِۦ وَلَا مَوْلُودٌ هُوَ جَازٍ عَن وَالِدِهِۦ شَيْـًٔا ۚ إِنَّ وَعْدَ ٱللَّهِ حَقٌّ ۖ فَلَا تَغُرَّنَّكُمُ ٱلْحَيَوٰةُ ٱلدُّنْيَا وَلَا يَغُرَّنَّكُم بِٱللَّهِ ٱلْغَرُورُ ﴿٣٣﴾ ﴾ (لقمان 33)

﴿ وَٱتَّقُواْ يَوْمًا تُرْجَعُونَ فِيهِ إِلَى ٱللَّهِ ۖ ثُمَّ تُوَفَّىٰ كُلُّ نَفْسٍ مَّا كَسَبَتْ وَهُمْ لَا يُظْلَمُونَ ﴿٢٨١﴾ ﴾ (البقرة 281)

المناقشة الموجهة مع إجاباتها:

المعلم: تأملوا بداية كل آيةٍ من الآيتين الكريمتين.

المعلم: بماذا يطالبنا الـلـه جلت قدرته؟

طالب: يطالبنا بتقوى الـلـه، وبالخوف من يومٍ نرجع فيه إليه.

المعلم: وما ذلك اليوم؟

طالب: إنه يوم الحساب.

المعلم: تأملوا كلمة (فيه) في الآية الثانية، ولاحظوا بم ترتبط.

طالب: إنها مرتبطة بكلمة (يوماً) التي قبلها.

المعلم: لماذا لم ترد كلمة (فيه) في الآية الأولى بعد كلمة (يوماً) ما دام السياق في الآيتين واحداً؟

الطلاب: يتشاورون.

طالب: وما تعليلك أنت لذلك أستاذنا؟

المعلم: تقدير الكلام في الآية الأولى هو (يجزي فيه).

طالب: وما سر حذفها في الآية الأولى وذكرها في الآية الثانية؟

المعلم: الحذف في الأولى يفيد الإطلاق، فالجزاء ليس منحصراً بيوم الحساب، وإنما سيمتد أثره إلى ما بعد ذلك اليوم، أما الجزاء في الآية الثانية فهو منحصر فقط بيوم الحساب، وليس عموماً.

▪ كلف الطلبة نشاطا إثرائيا، بأن يختار كل منهم نصا قرآنيا آخر يتحدث عن العلم، ويسجله بصوته على شريط أو قرص مرن، وإحضاره في الحصة القادمة.

الخطة الدرسية للحصة الثانية "آيات من سورة فاطر"

النتاجات	الإجراءات		الوسائط التعليمية	التقويم
	دور المعلم	دور الطالب		
▪ يتلو الآيات تلاوةً صحيحةً مظهراً الخشوع. ▪ يضبط بنية بعض الكلمات وفقا لورودها في الآيات. ▪ يضبط أخر كلمتي (الله) و(العلماء) في الآية (28). يميز بين استعمالات (إن). ▪ يستنتج الدلالات التي توحي بها بعض الكلمات من السياق. ▪ يستخرج من الآيات أسلوب حصر. ▪ ينهج في حياته نهجاً قائماً على العلم، وعلى الإيمان بالله وبالنبيين.	▪ التمهيد للدرس ▪ تلاوة القدوة ▪ تنظيم الموقف الصفي ▪ توزيع أوراق العمل ▪ تحديد الأدوار ▪ طرح الأسئلة ▪ متابعة الأداء ▪ التعزيز ▪ تقديم التغذية الراجعة	▪ الاستماع إلى تلاوة المعلم ▪ تلاوة المحاكاة ▪ تنفيذ النشاطات ▪ الإجابة على الأسئلة	▪ الكتاب المدرسي ▪ السبورة ▪ أوراق العمل	▪ ملاحظة الأداء ▪ طرح الأسئلة

"آيات من سورة فاطر

"الحصة الثانية

أخي المعلم:

- مهد للدرس بمراجعة التعلم السابق.
- ذكر الطلبة بأهمية العلم، وبالأفكار العامة التي وردت في الآيات الكريمات.
- قسم الطلبة إلى مجموعات خماسية الأفراد، منوعة المستويات، وحدد الأدوار.
- اطلب إليهم فتح كتاب المعارف الأدبية صفحة (9).
- وزع النشاطات والمهام عليهم ليبدؤوا عملية التعلم التعاوني.
- استمع لعددٍ من الطلاب وهم يتلون الآيات الكريمات.
- وزع ورقة العمل الأولى.
- تابع عمل المجموعات، وبعد انتهاء الوقت المحدد، اطلب من الطلبة التوقف.
- أتح الفرصة لمقرر كل مجموعة ليعرض ما توصلت إليه مجموعته.
- أتح الفرصة لتعليقات الطلبة على كل إجابة، وناقشهم في علة الضبط الذي قاموا به.
- وزع على المجموعات بطاقة الإجابات الصحيحة لمقارنة إجاباتهم بها.

بطاقة الإجابة لورقة العمل الأولى:

(مختلف ، الجدد ، الجدد ، جدد).

- كلف الطلبة الرجوع إلى المعجم اللغوي للتحقق من ضبط بنية الكلمات السابقة.
- دون الآية الكريمة: (إنما يخشى الله من عباده العلماء).
- ناقش الطلبة في التركيب النحوي للآية.

المعلم: ما معنى يخشى؟

طالب: يخاف.

المعلم: من الذي يخاف الآخر، الـلـه أم العلماء؟

طالب: لا يستقيم عقلا أن الـلـه يخاف أحدا، فالذي يخاف هم العلماء.

المعلم: أحسنت لهذا التعليل.

المعلم: من يحدد لنا الفعل والفاعل والمفعول به في هذه الآية؟

طالب: الفعل: يخشى، الفاعل: العلماء، أما المفعول به فهو: لفظ الجلالة.

المعلم: إذن ما الحركة المناسبة لآخر كلمتي: (الـلـه) و (العلماء)؟

طالب: الفتحة لآخر لفظ الجلالة، والضمة لآخر كلمة(العلماء).

المعلم: من منكم يقرأ الآية قراءة جهرية مظهرا عليها الحركات المناسبة؟

يعزز المعلم الطلبة الذين يقرؤون الآية قراءة صحيحة بطرق التعزيز المناسبة.

المعلم: بقي أن أفيدكم فائدة يا أبنائي، وهي أن: (إنما) تفيد إيجاب الفعل لشيء ونفيه عن غيره، فلمن تم إيجاب الفعل يخشى في الآية؟ وعمن تم نفيه فيها؟

يتشاور الطلبة ضمن مجموعاتهم في الإجابة مستفيدين من السياق العام للآية.

ثم يقف أحدهم ليجيب: تم إيجاب الخشية للعلماء، وتم نفيها عن غيرهم من الناس.

- وزع ورقة العمل الثانية:
- تابع عمل المجموعات، وبعد انتهاء الوقت المحدد، اطلب من الطلبة التوقف.

بطاقة الإجابة لورقة العمل الثانية:

إن في الآية (24) نوعها: نافية بمعنى (ما).

إن في الآية (25) نوعها: شرطية.

بطاقة الإجابة لورقة العمل الثالثة:

النور توحي بالهداية، الوضوح، الأمن، السلامة.

الماء توحي بالارتواء، الخضرة، الخير، الحياة.

- اعرض الجملتين:

1- أنت طالب علم

2- إن أنت إلا طالب علم.

▪ ناقش الطلبة في التركيب النحوي للجملة الأولى:

المعلم: ما نوع الجملة الأولى؟

طالب: جملة اسمية.

المعلم: ما مكوناتها؟

طالب: المبتدأ والخبر.

المعلم: من منكم يحدد ركنيها؟

طالب: (أنت) مبتدأ. (طالب) خبر.

المعلم: بماذا تختلف الجملة الثانية عن الأولى؟

طالب: تختلف في التركيب، حيث أضيف إليها (إن و إلا).

طالب آخر يسأل المعلم: وماذا أفادت هذه الزيادة فيها يا أستاذنا؟.

المعلم: زادتها دقة وتوضيحا للمعنى، حيث حصر المبتدأ في الخبر، بمعنى أنك في الأولى طالب علم، وقد تجمع صفة أخرى غيرها، كأن تكون موظفا وطالب علم في آن. أما في الثانية فأنت طالب علم وحسب، وليست لك صفة أخرى غيرها، أي أنك محصور في كونك طالبا، وبهذا الأسلوب يكون المبتدأ قد حصر في الخبر.

الخطة الدرسية

للحصة الثالثة

"آيات من سورة فاطر"

النتاجات	الإجراءات		الوسائط التعليمية	التقويم
	دور المعلم	دور الطالب		
▪ يتلو الآيات تلاوةً صحيحةً مظهراً الخشوع. ▪ يميز بين كلمتي (الدواب) و (الأنعام) باستخدام المعجم اللغوي. ▪ يعلل التقديم والتأخير في بعض التراكيب النحوية. ▪ يميز بين معاني الكلمة الواحدة في سياقات مختلفة. ▪ يحدد المسند والمسند إليه في بعض الآيات. ▪ يقرأ من الآيات ما يدل على بعض المعاني. ▪ يجل العلماء ويُقبل على مجالستهم.	▪ التمهيد للدرس ▪ تلاوة القدوة ▪ طرح الأسئلة ▪ توزيع المهام ▪ متابعة الأداء ▪ التعزيز ▪ تقديم التغذية الراجعة	▪ الاستماع إلى قراءة المعلم ▪ الإجابة على الأسئلة ▪ تنفيذ النشاطات	▪ الكتاب المدرسي ▪ السبورة ▪ أوراق العمل ▪ المسجل الصوتي	▪ ملاحظة الأداء ▪ طرح الأسئلة

آيات من سورة فاطر

الحصة الثالثة

أخي المعلم:

- **مهد للدرس باستخدام استراتيجية (أعرف' أريد أن أعرف، تعلمت، سأتعلم المزيد).**
- **وزع عليهم جدولا يتضمن عناوين هذه الاستراتيجية، فيملؤها الطالب ذاتيا.**
- **أفسح المجال لبعض الطلبة ليعرضوا ما يعرفوه عن الدرس وما تعلموه منه.**
- **ناقشهم فيما يرغبون في تعلمه، ومن هذه الرغبات والحاجات انطلق في التعلم الجديد.**
- **قسم الطلبة إلى مجموعات خماسية، وحدد الأدوار استعدادا العمل.**
- **كلف بعض الطلاب تلاوة الآيات على مسامعٍ زملائهم.**

نشاط صفي (1) :

- **كلف المجموعات فتح المعاجم اللغوية والبحث عن دلالة كلمتي (الأنعام) و (الدواب).**

  (الدابة: كل ما يدب على الأرض، وغلب على ما يركب من الحيوان).

  (النعم: المال السائم، وأكثر ما يقع هذا الاسم على الإبل).
- **اطلب من جميع الطلبة أن يستخدم كل منهم الكلمتين في سياقات جديدة.**
- **اختر بعض الجمل المميزة، واطلب من أصحابها تثبيتها على السبورة.**
- **دون الجملتين:**

  1- **ما أكرم خالداً إلا حسامٌ.**

  2- **ما أكرم حسامٌ إلا خالداً.**
- **وجه إليهم الأسئلة:**

- ما الذي تقدم في الجملة الأولى المنصوب أم المرفوع؟

▪ بعد الاستماع لعدد من إجابات الطلبة وضح علة ذلك التقديم:

لقد تم ذلك لأن الغرض هو بيان المكرم من يكون، والإخبار عنه بأنه حسامٌ دون غيره، فإكرام خالدٍ أمرٌ مفروغ منه، ولم يبق إلا تحديد القائم بعملية الإكرام.

- ما الذي تقدم في الجملة الثانية المرفوع أم المنصوب؟

▪ استمع لعدد من إجابات الطلبة، ثم وضح الغرض من ذلك التقديم:

لقد تم ذلك لأن الغرض هو بيان المكرم من يكون، والإخبار عنه بأنه (خالدٌ) دون غيره، فمن المعروف أن (حسام) قد قام بعملية إكرام، ولذلك كنا بحاجة لمعرفة المكرم ، ونحصره في شخص واحد هو (خالد).

نشاط صفي (2)

▪ كلف مجموعات الطلبة العودة إلى النص القرآني ص (9) وتأمل الآية (28)، والتشاور لتعليل تقدم لفظ الجلالة وتأخُر لفظ العلماء، في ضوء ما تم تعلمه.

▪ عزز أفراد المجموعة الذين يتوصلون للتعليل الأنسب.

بطاقة إجابة ورقة العمل الأولى:

- " وإن من أمة إلا خلا فيها نذير ".   خلا: مضى وذهب.

- خلا الشارع من المارة فلم يعد هنالك من يرى. خلا: فرغ ممن به.

- نمى إلى علمنا خبر فرحنا له جميعا.نمى: شاع ووصل إلينا.

- من الله على عباده بالغيثٍ الوفير فنما الزرع وأينع.   نما: زاد وكثر

- أخذ الله المجرمين أخذ عزيزٍ مقتدر.أخذ: عاقب وأهلك.

- أخذ الطفل في البكاء.   أخذ: شرع في البكاء.

- أخذ الطالب المعجم من رف الكتب.أخذ: تناوله وحازه.

▪ دون الجملة: " الله يرزق الناس "

▪ أجر المناقشة:

المعلم: من يرزق الناس؟

طالب: الـلـه سبحانه وتعالى.

المعلم: إذن رزق الناس موكولٌ إلى الـلـه، أي مسندٌ إليه.

المعلم: إذا كان لفظ الجلالة مسنداً إليه فما المسند؟

طالب: الفعل (يرزق).

المعلم: يعززالطالب بكلمة طيبة.

المعلم: من منكم يعرب جملة " الـلـه يرزق الناس "

طالب: لفظ الجلالة مبتدأ، يرزق فعل مضارع وفاعله ضمير مستتر والجملـة الفعليـة خـبر للمبتدأ. الناس مفعول به منصوب. المعلم يعزز الطالب ويثني عليه.

المعلم: كأنكم تقولون: إن المبتدأ يكون مسنداً إليه وأن الخبر يكون مسنداً.

طالب: هذه هي الحقيقة يا أستاذ، فالخبر مسندٌ والفعل مسندٌ، كما أن المبتدأ والفاعل كل منها مسندٌ إليه.

بطاقة الإجابة لورقة العمل الثانية:

- المسند إليه: لفظ الجلالة. والمسند: يسمع.
- إن: حرف ناسخ يدخل على الجملة الاسمية فينصب المبتدأ ويرفع الخبر.
- لفظ الجلالة: اسم إن منصوب وعلامة نصبه الفتحة الظاهرة.
- يسمع: فعل مضارع مرفوع وعلامة رفعه الضمة الظاهرة. وفاعله ضمير مستتر تقديره (هو).
- من: اسم موصول مبني على السكون في محل نصب مفعول به.
- في: حرف جر والقبور اسم مجرور وعلامة جره الكسرة الظاهرة.

نشاط صفي (3):

- كلف بعض الطلبة قراءة الآيات التي تدل على المعاني الآتية:
- تعدد الأنبياء والرسل قبل النبي محمد صلى الـلـه عليه وسلم.
- قدرة الـلـه على خلق مخلوقات منوعة الأشكال والألوان.

النتاجات	الإجراءات		الوسائط التعليمية	التقويم
	دور المعلم	دور الطالب		
▪ يقرأ فقرات من القصة قراءة جهرية صحيحة معبرةً عن المعنى. ▪ يحدد عناصر القصة الحالية. ▪ يميز بين الحوار الداخلي والحوار الخارجي. ▪ يحدد الحدث ومراحل تطوره. ▪ يفسر بواعث الحدث. ▪ يستنتج الكلام المحذوف بمساعدة المصاحبات اللغوية. ▪ يبدي رأيه في مواقف بعض شخصيات القصة.	▪ وضع الطلاب في جو النص ▪ قراءة القدوة ▪ طرح الأسئلة ▪ تنظيم الأدوار ▪ توزيع أوراق العمل ▪ التعزيز ▪ تقديم التغذية الراجعة	▪ الاستماع إلى قراءة المعلم ▪ قراءة المحاكاة ▪ الإجابة على الأسئلة ▪ المشاركة في التعلم التعاوني	▪ الكتاب المدرسي ▪ السبورة ▪ أوراق العمل ▪ السيرة الذاتية لمحمود تيمور	▪ ملاحظة الأداء ▪ طرح الأسئلة

الخطة الدرسية للحصة الأولى

"رحلة صيف"

"رحلة صيف" قصة قصيرة لمحمود تيمور

3 حصص

الحصة الأولى

أخي المعلم:

- **ضع الطلبة في الجو العام للقصة، ناقش معهم مفهوم القصة القصيرة، وسيرة الأديب محمود تيمور من خلال استراتيجية: أعرف ..... أريد أن أعرف..... تعلمت .....**
- **استعرض ما كتبه الطلبة في استمارة الاستراتيجية السابقة، ثم قدم تغذية راجعة مناسبة.**
- **قسم الطلبة إلى مجموعات خماسية الأفراد، منوعة المستويات، وحدد الأدوار.**
- **اطلب إليهم فتح كتاب المعارف الأدبية صفحة (15).**
- **كلفهم قراءة القصة قراءة صامتة، مذكرا إياهم بشروطها.**
- **أتح وقتاً مناسباً لحجم النص وقدرات الطلبة.**
- **اطرح الأسئلة:**

- **ما عناصر القصة القصيرة؟**
- **في أي فصل من السنة حدثت هذه القصة؟**
- **من شخصياتها؟**

- **وزع ورقة العمل الأولى.**

▪ تابع عمل المجموعات.

بطاقة الإجابة لورقة العمل الأولى:

أ- وظائف الحوار:

▪ يسهم في تطوير الأفكار الأساسية للشخصية.
▪ يجسد شخصية المتحدث في العمل الأدبي.
▪ يحرك الأحداث والوقائع.
▪ يسهم في تطور الحبكة.

ب- تعريف الحوار:

الحوار الداخلي: هو ما يجري داخل الشخصية متحدثة إلى ذاتها، ويعرف بالمونولوج، ويستخدمه الكاتب لكشف بواطن الشخصية، وهواجسها الخاصة.

الحوار الخارجي: هو ما يجري من حديث بين شخصيتين أو أكثر، ويعرف بالديالوج.

▪ أجر المناقشة:

المعلم: من يلخص خاتمة القصة؟

طالب: انتهت أحداث القصة بقدوم المولود وانفراج أزمة الأستاذ رشاد.

المعلم: ما أهم الأحداث المثيرة في القصة؟

طالب: تعسر الولادة، الاستقبال الجاف من الخادمة لبليغ أفندي، موقف الداية وهي تلقي طلباتها إلى بليغ أفندي.

المعلم: من يقرأ من القصة موقفا فيه حوار خارجي؟

طالب يقرأ من الكتاب:

" الخادمة: دق الجرس ممنوع، ممنوع يا ناس.

بليغ أفندي: المعذرة.. لم أكن أعرف، أنا بليغ صديق الأستاذ رشاد.

الخادمة: أرجو منك يا بليغ أفندي ألا تعلي من صوتك، إن السيدة لم تذق النوم منذ ليال ."

المعلم: من يقرأ من القصة ما يمثل حوارا داخليا؟

طالب يقرأ من حديث بليغ إلى نفسه:

" ألم أستضف صديقي (رشاد) غير مرة في زوراته للعاصمة؟ كم مرةٍ حل بداري دون دعوة أو استئذان؟ وكم ردد على مسامعي أن بيته في (محرم بك) يرحب باستقبالي في أي وقت أشاء. "

- وزع ورقة العمل الثانية:
- تابع عمل المجموعات.

بطاقة الإجابة لورقة العمل الثانية:

تعريف الحدث: هو ما تقوم به الشخصيات من أفعال في إطار القصة، وبه تتحرك وتنمو مواقفها، فهو المحور الرئيس والعنصر المهم في خلق الحوار على لسان الشخصيات.

مراحل الحدث المتكامل: مرحلة البداية ومرحلة الوسط ومرحلة النهاية، وكل مرحلة تفضي إلى المرحلة التي تليها، وذلك يعمل على تطور الأحداث وتشابكها، ويثير في القارئ الرغبة في معرفة النهاية. الحدث الرئيس في قصة (رحلة صيف): هو مواجهة بليغ أفندي مسؤولية تعسر ولادة زوجة رشاد.

- وزع ورقة العمل الثالثة:
- تابع عمل المجموعات.

بطاقة الإجابة لورقة العمل الثالثة:

بواعث الحدث الرئيس في القصة:

- ضغط العمل على بليغ أفندي.
- بحثه عن متنفس للاستجمام.
- اضطراب الأستاذ رشاد وتركه المنزل.
- جهل الداية بمهنة التوليد.

بداية الحدث في القصة: شعور بليغ أفندي بالتعب والإرهاق وحاجته للراحة والاستجمام.

من مظاهر التفاعل بين الشخصيات والأحداث في القصة:

- موافقة المدير على طلب بليغ أفندي للإجازة.
- استجابة بليغ أفندي لنصيحة صديقه بضرورة الارتحال.
- اختيار بليغ الإسكندرية مكانا لقضاء إجازته.
- قبول بليغ طلبات الداية وسعيه السريع لتوفيرها.

▪ دون بيت الشعر:

وكسا الخز جسمه فتباهى وحوى المال كيسه فتمرد

▪ اقرأ البيت قراءة معبرة،.

▪ كلف بعض الطلبة قراءة البيت قراءة جهرية معبرةً عن المعنى.

▪ أجر المناقشة:

المعلم: ما معنى الخز؟

طالب: الخز ضربٌ من الحرير.

المعلم: فيم يستخدم الحرير؟

طالب: في صنع الملابس.

المعلم: هل من علاقة بين كل من: الخز والجسم والمباهاة؟

طالب: توجد علاقة ارتباطية قوية بين هذه المفردات، فالخز منه الملابس، والملابس تكسو الجسم، والخز ثمين، وكذلك الملابس المصنوعة من الخز ثمينة.

المعلم: ماذا نستنتج من هذا الكلام؟

الطالب: نستنتج أن الإنسان الذي يكتسي بالملابس الحريرية يتطلب أن يكون موسرا وثرياً، وهذا كله مدعاةٌ للمباهاة.

المعلم: ما علاقة المال بالكيس وبالتمرد؟

طالب: الكيس وعاء المال، ومن لديه مالٌ كثير قد تسول له نفسه بالعجرفة والتمرد.

المعلم: أفيدكم فائدةً، وهي: أن بعض الكلمات يستدعي وجودها وجود كلمات أخرى لها علاقة بها، وتعرف هذه الكلمات بالمصاحبات اللغوية.

- **وزع ورقة عمل (4)**

بطاقة الإجابة لورقة العمل الرابعة:

الكلمات هي: شتاء، ممسياً، القيظ، الاستجمام.

النتاجات	الإجراءات		الوسائط التعليمية	التقويم
	دور المعلم	دور الطالب		
▪ يضبط الكلمات ضبطا صحيحا. ▪ يربط بين القراءة والفهم. ▪ يتعرف معاني المفردات من السياق. ▪ يربط الأسباب بالنتائج. ▪ يتعرف مواضع الإسناد في بعض الجمل. ▪ يكون لنفسه رأياً تجاه بعض المواقف والأحداث.	▪ التمهيد للدرس ▪ تنظيم الأدوار ▪ طرح الأسئلة ▪ توزيع أوراق العمل ▪ التعزيز ▪ تقديم التغذية الراجعة	▪ الإجابة على الأسئلة المطروحة ▪ تنفيذ النشاطات ▪ المشاركة في التعلم التعاوني	▪ الكتاب المدرسي ▪ السبورة ▪ أوراق العمل	▪ طرح الأسئلة ▪ نشاط لا صفي ▪ ملاحظة الأداء

الخطة الدرسية للحصة الثانية

"رحلة صيف"

الحصة الثانية

أخي المعلم:

- **أجر مراجعة لما تعلمه الطلبة في الحصة السابقة، وزع عليهم نموذج (أ...أ... ت....)**
- **استعرض ما كتبه الطلبة في استمارة الاستراتيجية السابقة، ثم قدم تغذية راجعة مناسبة.**
- **قسم الطلبة إلى مجموعات خماسية الأفراد، منوعة المستويات، وحدد لهم الأدوار.**
- **ذكر الطلبة بأهمية الضبط الصحيح للحروف والكلمات وأثره في فهم المعنى.**
- **وزع ورقة العمل (1).**
- **تابع عمل المجموعات.**

بطاقة الإجابة لورقة العمل (1):

- **عاد بليغ يحمل حزمةً تحتوي على زجاجات ولفائف طبيةٍ.**
- **انصرف الطبيب بعد أن دس بليغ في يده ورقاتٍ ماليةً.**
- **لا بد أن أزايل هذه الدار لأنجو بنفسي من هذه الكربة المحيطة بي.**
- **ساد البيت هرجٌ ومرج.**

نشاط صفي:

- **دون بعض الأفكار التي وردت في القصة على السبورة.**
- **كلف بعض الطلاب قراءة ما يدل على كلٍ منها من النص قراءة جهرية معبرة.**
- **وزع ورقة العمل (2).**
- **تابع عمل المجموعات.**

بطاقة الإجابة لورقة العمل (2):

سامقة: عالية، مرتفعة.

يقفو أثرها: يتبع خطوها.

أتريث: انتظر، أتمهل.

لأي: جهد، مشقة.

تكتنفه: تحيط به، تلفه.

- يقبل المعلم أية جملة سليمة التركيب وتامة المعنى.
- وزع ورقة العمل (3).
- تابع عمل المجموعات.

بطاقة الإجابة لورقة العمل (3):

سبب	نتيجة
أنهكه العمل الموصول.	استشعر الحاجة إلى الراحة.
ذيل المدير طلب الإجازة بالموافقة.	ارتسمت على وجه بليغ السماحة.
علت صيحة نسوية تنم عن استغاثة.	نهض بليغ من مجلسه مرتجفا.
لا بد أن أزايل هذه الدار من فوري.	لأنجو بنفسي من هذه الكربة المحيطة بي.
خالطه زهو واعتزاز.	راح يصدر الأوامر والنواهي.

- ذكر الطلبة بما مر بهم في موضوع الإسناد من خلال الآية الكريمة:

"إن اللـه يسمع من يشاء" .

- دون الجملة على السبورة: " بليغ أفندي موظفٌ حكومي ".
- أجر المناقشة:

المعلم: من منكم يعرب ما تحته خط في الجملة؟

طالب: (بليغ) مبتدأ مرفوع وعلامة رفعه الضمة، (موظفٌ) خبرٌ مرفوع وعلامة رفعه الضمة.

المعلم: ما العمل الموكل إلى بليغ؟

طالب: الوظيفة الحكومية.

المعلم: ولمن أوكلت الوظيفة الحكومية؟

طالب: إلى بليغ.

المعلم: كأنكم تريدون أن تقولوا: إن كلمة (موظف) هي المسند، وإن كلمة (بليغ) هي المسند إليه!

طالب: كأنك في أذهاننا يا أستاذ، هذه هي الحقيقة.

- وزع ورقة العمل (4)
- تابع عمل المجموعات.

بطاقة الإجابة النموذجية لورقة العمل الرابعة:

(صعد فعلٌ ماضٍ مبنيٌ على الفتح، بليغٌ فاعلٌ مرفوعٌ وعلامة رفعه الضمة الظاهرة، الدرج مفعولٌ به منصوب وعلامة نصبه الفتحة الظاهرة.)

(المسند إليه: بليغ. والمسند هو الفعل صعد، وهو متقدمٌ على المسند إليه.)

النتاجات	الإجراءات		الوسائط التعليمية	التقويم
	دور المعلم	دور الطالب		
▪ يقرأ قراءة جهرية صحيحة مضبوطة بالشكل ومعبرة عن المعنى. ▪ يعلل التقديم والتأخير في بعض التراكيب النحوية. ▪ يتعرف معاني الحروف وأثرها في معنى الجملة. ▪ يحدد التعلق بين أقسام الكلمة. ▪ يتعرف المعاني الضمنية والبعيدة لبعض الصور البيانية. ▪ يفاضل بين التراكيب والجمل. ▪ يحاكي بعض التراكيب والجمل بجملٍ جديدة من إنشائه. ▪ يبدي ميلاً للتحدث بعربية فصيحة مع زملائه.	▪ التمهيد للدرس ▪ قراءة القدوة ▪ تنظيم الأدوار ▪ تدوين الأمثلة على السبورة ▪ طرح الأسئلة ▪ شرح بعض القضايا اللغوية ▪ توزيع المهام	▪ الاستماع إلى قراءة المعلم ▪ قراءة المحاكاة ▪ الإجابة على الأسئلة المطروحة ▪ تنفيذ النشاطات ▪ طرح بعض التساؤلات	▪ الكتاب المدرسي ▪ السبورة ▪ أوراق العمل	▪ ملاحظة الأداء ▪ طرح الأسئلة

الخطة الدرسية للحصة الثالثة

"رحلة صيف"

الحصة الثالثة

أخي المعلم:

- أجر مراجعة لما تعلمه الطلبة في الحصة السابقة، وزع عليهم نموذج (أ...أ... ت....)
- استعرض ما كتبه الطلبة في استمارة الاستراتيجية السابقة، ثم قدم تغذية راجعة مناسبة.
- قسم الطلبة إلى مجموعات خماسية الأفراد، منوعة المستويات، وحدد لهم الأدوار.
- كلف الطلبة فتح كتاب المعارف الأدبية صفحة 16.
- اطلب إليهم قراءة الحوار الذي دار بين بليغ أفندي ورئيسه في العمل.
- كلفهم وضع عنوانات مناسبة لهذا الحوار.
- استمع إلى العنوانات التي وضعوها، واختر أكثرها ارتباطا بالحوار ودونه على السبورة. (طلب إجازة)
- دون الجملتين الآتيتين على السبورة.

1- دق الجرس ممنوع.

2- ممنوع دق الجرس.

- أجر المناقشة:

المعلم: ما الفرق بين الجملتين في التركيب؟

طالب: الجملتان متشابهتان في الكلمات.

طالب آخر: كلتاهما جملة اسمية.

المعلم: من يوضح ركنيهما؟

طالب: في الجملة الأولى (دق) مبتدأ، و (ممنوع) خبر. وفي الثانية (ممنوع) خبر مقدم، و(دق) مبتدأ مؤخر.

المعلم: من يعلل تقديم الخبر على المبتدأ في الجملة الثانية؟

طالب: لقد تم التقديم جوازا بسبب أهمية الخبر.

المعلم: وهل يترتب على ذلك التقديم فرق في المعنى؟

طالب: أنا أفهم الجملة على النحو الآتي:

في الجملة الأولى تم تقديم المبتدأ (دق) لأهميته، وكأني بسائل يسأل: ما هو الممنوع؟ فيكون الجواب: دق الجرس.

أما في الجملة الثانية فقد تم تقديم الخبر (ممنوع) لأهميته أيضا، وكأني بسائل يقول: ما حكم دق الجرس؟ فيكون الجواب ممنوع.

- عبر عن إعجابك بإجابة الطالب وعززه بالثناء.

بطاقة الإجابة لورقة العمل (1):

- فليرتحل على عجل. (اللام لام الأمر، يرتحل فعل مضارع مجزوم بلام الأمر).
- ما كان ليتوقع رشاد زيارة بليغ. (اللام لام الجحود، يتوقع فعل مضارع منصوب بلام الجحود).
- واجتلب بليغ لفمه ابتسامة مضطربة. (اللام حرف جر، (فم) اسم مجرور بحرف الجر).

- أجر المناقشة:

المعلم: ما أقسام الكلمة؟

أحد الطلبة: اسم و فعل وحرف.

المعلم: من هذه الكلمات يتألف البناء اللغوي، فالأديب يرتبها وفقا لترتيب معانيها في نفسه، وللتعليق فيما بينها طرق معلومة، فإما أن يكون تعلق اسم باسم، أو تعلق اسم بفعل، أو تعلق حرف بالاسم والفعل معا.

- دون الجمل الآتية على السبورة:

- بليغ أفندي موظف حكومي.
- ينصرف بليغ مصبحاً إلى مكتبه.
- استشعر بليغ الحاجة إلى الراحة والاستجمام.
- ظل بليغ يتعرف الطريق حتى وافى الدار قبل الظهر.

▪ اقرأها قراءةً قدوة.

▪ كلف بعض الطلبة قراءتها قراءة محاكاة.

▪ اطرح الأسئلة:

المعلم: ما التعلق بين كلمتي (بليغ) و(موظف) في الجملة الأولى؟

طالب: كلتاهما اسم، والأول مبتدأ، والثاني خبر له، والتعلق بينهما تعلق اسم باسم.

المعلم يشير إلى الجملة الثانية ويسأل: ما التعلق بين كلمتي (بليغ) و(مصبحاً)؟

طالب: بليغ فاعل للفعل ينصرف، مصبحاً حال منصوب، والتعلق بينهما تعلق الحال بصاحبه.

المعلم: ما التعلق بين كلمتي (الراحة) و(الاستجمام) في الجملة الثالثة؟

طالب: الراحة والاستجمام اسمان، وبينهما حرف عطف هو (الواو)، ويشتركان في حكمٍ واحد، هو (حاجة بليغ إليهما)، والتعلق بينهما تعلق المعطوف بالمعطوف عليه.

المعلم: انظروا الجملة الرابعة، ما تعلق الطريق بالفعل يتعرف.

أحد الطلبة: الطريق اسم، يتعرف فعل، وهذا الاسم مفعول به للفعل، و التعلق بينهما تعلق اسم بفعل.

▪ عزز الطلبة الذين أبدوا إجابات صحيحة بشكل مناسب من أشكال التعزيز.

بطاقة الإجابة لورقة العمل (2):

- خطت الخادمة في الردهة خطوات سلحفاة.

(بطء حركة الخادمة).

- وانفتل رشاد من باب الشقة يتواثب على الدرج كأنه فريسة يتعقبها الصائد.

(سرعة الزوج المذعور عند هروبه من البيت).

- وسرعان ما تهاوى بليغ على المتكأ وقد علا غطيطه كأنه خوار ثور ذبيح.

(شدة الإعياء والتعب والحاجة إلى النوم التي يعانيها بليغ).

- لم يتضح لبليغ من شخصية البطلة إلا صوت كصفارة القطار المكبوتة يطلب النجدة.

(شدة آلام المخاض التي تعانيها زوجة رشاد).

▪ دون الجمل الآتية في قائمتين على السبورة بشكل متقابل:

أ ب

1- أتعبه العمل الموصول.

2- أنهكه العمل الموصول.

3- خطت في الردهة ببطء.

4- خطت في الردهة خطوات سلحفاة.

5- أخذ الورقة يهرول بها خارج الدار.

6- أخذ الورقة يمشي بها خارج الدار.

7- لم تكتحل عيناه بمرأى البحر.

8- لم يشاهد البحر.

9- يرحل عن العاصمة.

10- يرحل إلى الإسكندرية.

▪ كلف الطلبة قراءة الجمل جملةً جملة.

▪ اطلب منهم الموازنة بين معاني الكلمات التي تحتها خط في كل جملتين متقابلتين.

▪ اطرح الأسئلة الآتية:

المعلم: ما العلاقة بين (أتعب) و(أنهك)؟

طالب: كلاهما فعلٌ ماضٍ، وهما متقاربان في الدلالة، ولكن (أنهك) أكثر قوة في الدلالة على حالة التعب التي آل إليها بليغ أفندي.

المعلم: ما العلاقة بين (ببطء) و (خطوات سلحفاة)؟

طالب: كلاهما يدل على أن الخادمة لم تكن سريعةً في مشيتها، ولكن (خطوات سلحفاة) أجمل تعبيراً ، وأكثر دلالةً على البطء في المشي، فالسلحفاة بطيئةٌ جداً في زحفها.

المعلم: ما العلاقة بين (يهرول) و (يمشي)؟

طالب: (يهرول) فعلٌ مضارعٌ معناه (يجري بسرعة)، وهو أكثر دلالةً على السرعة في السير.

طالب آخر: ما الفرق بين (تكتحل عيناه) و (يشاهد)؟

المعلم: هما متشابهان في الدلالة على المشاهدة، ولكن الأول أجمل تعبيراً، لأن فيه صورة فنية من نوع الاستعارة التصريحية، حيث شبهت المشاهدة بالاكتحال، فالمشاهدة تملأ العين بالمناظر والصور، والاكتحال يملأ العين بالكحل.

المعلم: ما الفرق في المعنى بين الجملتين (9) و (10)؟

طالب: الأولى تفيد مغادرة العاصمة والابتعاد عنها، لأن (عن) من معانيها المجاوزة والبعد، أما الثانية فتفيد الذهاب إلى الإسكندرية والإقبال عليها، لأن (إلى) تفيد انتهاء الغاية.

الخطة الدرسية للحصة الأولى "آيات من سورة النحل"

النتاجات	الإجراءات		الوسائط التعليمية	التقويم
	دور المعلم	دور الطالب		
▪ يتلو الآيات تلاوةً صحيحة. ▪ يضع عناوين مناسبة للمعاني التي تتضمنها. ▪ يحدد مواضع الإسناد في بعض الآيات. ▪ يعلل الحذف والإثبات في بعض التراكيب. ▪ يوازن بين استخدام بعض الكلمات في النظم القرآني. ▪ يعلل تكرار بعض الكلمات في بعض الآيات. ▪ يكون لنفسه اتجاهاً نحو المحافظة على نظافة الطبيعة ونقائها.	▪ التمهيد للدرس ▪ تلاوة القدوة ▪ توزيع الأدوار ▪ طرح الأسئلة ▪ التكليف بالنشاطات ▪ متابعة الأداء ▪ توضيح بعض القضايا اللغوية ▪ التعزيز ▪ تقديم التغذية الراجعة	▪ الإصغاء إلى تلاوة المعلم ▪ تلاوة القدوة ▪ الإجابة على الأسئلة المطروحة ▪ التأمل والتدبر ▪ تنفيذ النشاطات وأوراق العمل	▪ الكتاب المدرسي ▪ السبورة ▪ المعجم اللغوي ▪ أوراق العمل	▪ ملاحظة الأداء ▪ طرح الأسئلة

آيات من سورة النحل (10- 18)

3 حصص

الحصة الأولى

أخي المعلم:

- **اطرح أسئلة تستثير بها انتباه الطلبة نحو الطبيعة وجمالها، وأهميتها للإنسان، وضرورة الحفاظ عليها نظيفة ونقية.**
- **الفت نظر الطلاب إلى الصورة الواردة ص (33) من كتاب المعارف الأدبية، واستعن بها في المناقشة الآتية:**
  - **هل تحبون الخروج في رحلات إلى أحضان الطبيعة؟**
  - **لماذا يكثر خروج الناس إلى أحضان الطبيعة في فصل الربيع؟**
  - **ما المشاهد التي تستلفت انتباه الناس فيها آنذاك؟**

القراءة الصامتة:

- **كلف الطلبه قراءة النص القرآني قراءة صامتة، مذكرا إياهم بشروط القراءة الصامتة، وبأنك ستطرح عليهم بعض الأسئلة بعد انتهائهم من القراءة.**
- **قدر الوقت اللازم للقراءة الصامتة في ضوء حجم النص وقدرات الطلاب.**
- **بعد الانتهاء من القراءة الصامتة اطرح بعض الأسئلة التي تكشف عن مستوى فهم الطلبة للنص، مثل:**
  - **ما الذي تتحدث عنه الآيات الكريمة؟**
  - **من منكم يضع عنوانا جديدا يتناسب ومعاني الآيات؟**
- **قدم التغذية الراجعة اللازمة بعد كل إجابة من إجابات الطلبة.**

القراءة الجهرية:

- **ذكرالطلبة بآداب الإنصات إذا قرئ القرآن الكريم.**
- **اقرأ الآيات قراءة اقتداء مراعيا قواعد التجويد، أو أسمعهم الشريط المسجل.**

- كلف بعض الطلبة قراءة النص قراءة اقتفاء ومحاكاة، مبتدئا بالمجيدين منهم، وكن يقظا للأخطاء القرائية التي قد يقعون فيها، وتجنب التصويب المباشر لتلك الأخطاء، أفسح المجال للطالب المخطئ لتصويب خطئه بنفسه، لافتا نظره إلى موقع الخطأ وإلى إمكانية الاستفادة من الموقع الإعرابي للكلمة في تصحيح أخطاء الضبط، فإذا لم يفلح حول المهمة لطالب آخر، فإذا لم يفلح الطلبة في ذلك تدخل أخيرا.

بطاقة الإجابة الصحيحة لورقة العمل (1):

- لفظ الجلالة اسم إن منصوب، وعلامة نصبه الفتحة الظاهرة على آخره.
- اللام هي اللام المزحلقة وتفيد التوكيد.
- غفورٌ خبر إن مرفوع وعلامة رفعه الضمة الظاهرة على آخره.
- لفظ الجلالة مسندٌ إليه، والخبر (غفور) مسند.

- اعرض الآيتين الكريمتين:

﴿ ۞ شَرَعَ لَكُم مِّنَ الدِّينِ مَا وَصَّىٰ بِهِۦ نُوحًا وَالَّذِىٓ أَوْحَيْنَآ إِلَيْكَ وَمَا وَصَّيْنَا بِهِۦٓ إِبْرَٰهِيمَ وَمُوسَىٰ وَعِيسَىٰٓ أَنْ أَقِيمُوا۟ الدِّينَ وَلَا تَتَفَرَّقُوا۟ فِيهِ ۚ كَبُرَ عَلَى الْمُشْرِكِينَ مَا تَدْعُوهُمْ إِلَيْهِ ۚ اللَّهُ يَجْتَبِىٓ إِلَيْهِ مَن يَشَآءُ وَيَهْدِىٓ إِلَيْهِ مَن يُنِيبُ ﴿١٣﴾ ﴾ (الشورى 13)

﴿ وَاعْتَصِمُوا۟ بِحَبْلِ اللَّهِ جَمِيعًا وَلَا تَفَرَّقُوا۟ ۚ وَاذْكُرُوا۟ نِعْمَتَ اللَّهِ عَلَيْكُمْ إِذْ كُنتُمْ أَعْدَآءً فَأَلَّفَ بَيْنَ قُلُوبِكُمْ فَأَصْبَحْتُم بِنِعْمَتِهِۦٓ إِخْوَٰنًا وَكُنتُمْ عَلَىٰ شَفَا حُفْرَةٍ مِّنَ النَّارِ فَأَنقَذَكُم مِّنْهَا ۗ كَذَٰلِكَ يُبَيِّنُ اللَّهُ لَكُمْ ءَايَٰتِهِۦ لَعَلَّكُمْ تَهْتَدُونَ ﴿١٠٣﴾ ﴾ (آل عمران 103)

- اقرأ الآيتين قراءة جهرية.
- كلف بعض الطلاب قراءتهما قراءة محاكاة.
- أجر المناقشة الآتية:

المعلم: تأملوا الفعل: (تتفرقوا) في الآية الأولى، ثم حددوا زمنه.

طالب: إنه فعلٌ مضارع.

المعلم: هل تستطيع إعراب هذا الفعل؟

الطالب: إنه فعلٌ مضارعٌ مجزوم ب(لا الناهية.

المعلم: ما علامة جزمه؟

طالب: حذف النون من آخره لأنه من الأفعال الخمسة.

المعلم: ما الماضي منه؟

طالب: تفرق.

المعلم: انظروا إلى الفعل (تفرقوا) في الآية الثانية، وحددوا زمنه.

طالب: فعلٌ مضارع.

المعلم: وكيف عرفت؟ ألا يمكن أن يكون ماضياً؟

الطالب: يمكن لهذه الصيغة أن تكون للماضي، ولكن دخول (لا) الناهية عليه حصرته بالمضارع.

المعلم: ما الماضي منه؟

طالب: تفرق.

المعلم: إذن، فالفعلان في الآيتين الكريمتين مضارعان، ويدلان على الفرقة والتباعد، ولكن هل تستطيعون تقدير سبب حذف (التاء الأولى) من (تفرقوا) في الآية الثانية؟

الطلاب يتشاورون ضمن مجموعاتهم.

طالب: في الآية الأولى يوصينا الله بعدم التفرق، وهي وصيةٌ ممتدةٌ من زمن سيدنا نوح عليه السلام إلى زمن سيدنا محمد صلى الله عليه وسلم، وتعني أمتنا، كما تعني أمماً غيرنا، لذلك يخشى من تفرقهم في الدين، فجاء الفعل (تتفرقوا) ب(تاءين) ومتلواً بكلمة (فيه). أما صيغة (تفرقوا) فقد وردت بعد قوله تعالى: "واعتصموا " وهي وصية محددةٌ، وخاصةٌ بالأمة الإسلامية، وبذلك تكون أمتنا قد شملتها الوصية مرتين، الأولى ضمن الأمم، والثانية خاصةٌ بها. بدليل قوله تعالى: (شرع لكم من الدين ما وصى به نوحاً والذي أوحينا إليك وما وصينا به

ابراهيم وموسى وعيسى أن أقيموا الدين ولا تتفرقوا فيه كبر على المشركين ما تدعوهم إليه الله يجتبي إليه من يشاء ويهدي اليه من ينيب)

المعلم: يصف هذا التعليل بالمعقول، ويعزز مجموعة الطلاب الذين توصلوا إليه.

المعلم: ما تعليل استخدام الاسم الموصول (الذي) مع الفعل(أوحينا) واستخدام الاسم الموصول(ما) مع الفعل (وصى) في الآية الأولى؟

طالب: الاسم الموصول (الذي) أكثر تعريفاً ودلالةً من (ما)، لذلك تم استخدامه مع ما أوحي به لمحمد صلى الله عليه وسلم، وهو وحيٌ معروفةٌ تفاصيله، أما الاسم الموصول (ما) فهو أقل تعريفاً، ويجري استخدامه مع المفرد والمثنى والجمع، ومع المذكر والمؤنث، لذلك تم استخدامه مع ما وصى به نوحاً عليه السلام، وهي وصايا لا نعلم تفاصيلها.

- عزز مجموعة الطلاب التي توصلت لهذا التعليل بالثناء المناسب.
- وزع ورقة عمل (2).
- تابع عمل المجموعات.

بطاقة الإجابة الصحيحة لورقة العمل (2):

لأن الشكر عمليةٌ مستمرةٌ، ولأنه يرتبط بكل نعمةٍ من نعم الله، ولأن الكفر يحدث مرةً واحدة، فقد تكرر الفعل (يشكر) مرتين بصيغة المضارع، وجاء الفعل (كفر) مرةً واحدةً بصيغة الماضي.

الخطة الدرسية للحصة الثانية

"آيات من سورة النحل"

النتاجات	الإجراءات		الوسائط التعليمية	التقويم
	دور المعلم	دور الطالب		
■ يستخرج من الآيات: ○ محسنا بديعيا معنويا. ○ أسلوبا إنشائيا. ○ أسلوب شرط. ■ يتعرف النتائج الناجمة عن بعض الأسباب. ■ يقرأ من الآيات ما يدل على بعض المعاني. ■ يميز بين معاني الكلمات المتشابهة لفظا من خلال السياق. ■ يقدر نعم الله ويحافظ عليها.	■ التمهيد للدرس ■ توزيع الأدوار ■ طرح الأسئلة ■ توزيع المهام ■ متابعة الأداء ■ التعزيز ■ تقديم التغذية الراجعة	■ البحث والاستخراج ■ التأمل والتدبر ■ ربط النتائج بالأسباب ■ قراءة ما يدل على بعض المعاني ■ يجيب على الأسئلة المطروحة ■ ينفذ النشاطات وأوراق العمل	■ الكتاب المدرسي ■ السبورة ■ أوراق العمل	■ ملاحظة الأداء ■ طرح الأسئلة

"آيات من سورة النحل"

الحصة الثانية

أخي المعلم:

- **مهد للدرس بمراجعة التعلم السابق، وما تضمنته الآيات من أفكار.**
- **قسم الطلبة إلى مجموعات خماسية الأفراد، منوعة المستويات، وحدد الأدوار.**
- **اطلب إليهم فتح كتاب المعارف الأدبية.**

بطاقة الإجابة لورقة العمل (1):

أ- محسن بديعي معنوي: الليل والنهار. نوعه: طباق

ب- أسلوب إنشائي: " أفمن يخلق كمن لا يخلق، أفلا تذكرون. " نوعه: استفهام

ج- أسلوب شرط: " وإن تعدوا نعمة الله لاتحصوها."

أداة الشرط: (إن) فعل الشرط: (تعدوا) جواب الشرط: (لا تحصوها).

بطاقة الإجابة لورقة العمل (2):

السبب	النتيجة
إنزال الماء من السماء.	نبت المزروعات وظهور الثمرات.
تسخير البحر للناس.	توفُّر اللحوم الطرية لأكلها، والحلية للبسها.

- **كلف بعض الطلاب أن يقرؤوا من الآيات الكريمة ما يدل على المعاني الآتية:**

- تنوع الخيرات التي من الله بها على الناس تستدعي التفكر في قدرته.

الإجابة: " ينبت لكم به الزرع والزيتون والنخيل والأعناب ومن كل الثمرات، إن في ذلك لأيةً لقومٍ يتفكّرون. "

- خلق الله الجبال لتحفظ توازن الأرض.

الإجابة: " وألقى في الأرض رواسي أن تميد بكم وأنهارا وسبلا لعلكم تهتدون."

بطاقة الإجابة لورقة العمل (3):

- **يسيمون إبلهم: يمكنونها من الرعي.**
- **يسومون البضاعة: يطلبون شراءها.**
- **يسومونكم سوء العذاب: يولونكم الذل والهوان.**

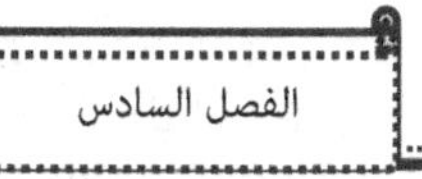

الخطة الدرسية للحصة الثالثة

"آيات من سورة النحل"

النتاجات	الإجراءات		الوسائط التعليمية	التقويم
	دور المعلم	دور الطالب		
▪ يتعرف وسائل توكيد الخبر في بعض الآيات. ▪ يفاضل بين التراكيب والجمل من حيث قوة المعنى. ▪ يستخرج من الآيات أسلوب تقديم وتأخير. ▪ يستنتج من السياق الدلالات التي توحي بها بعض الكلمات. ▪ يحدد عناصر الجملة الفعلية في عدد من الآيات. ▪ يتعرف مفهوم التوسع في المعنى في القرآن الكريم. ▪ يتذوق بلاغة النظم القرآني.	▪ التمهيد للدرس ▪ توضيح بعض المفاهيم اللغوية ▪ توزيع الأدوار ▪ طرح الأسئلة ▪ توزيع المهام والنشاطات ▪ متابعة الأداء ▪ التعزيز ▪ تقديم التغذية الراجعة	▪ الإجابة على الأسئلة المطروحة ▪ تنفيذ النشاطات ▪ البحث والاستخراج ▪ المفاضلة وإصدار الأحكام ▪ التطبيق العملي	▪ الكتاب المدرسي ▪ السبورة ▪ أوراق العمل	▪ طرح الأسئلة ▪ ملاحظة الأداء

"آيات من سورة النحل"

الحصة الثالثة

أخي المعلم:

- **مهد للدرس بمراجعة التعلم السابق، وما تضمنته الآيات من أفكار.**
- **قسم الطلبة إلى مجموعات خماسية الأفراد، منوعة المستويات، وحدد الأدوار.**
- **اطلب إليهم فتح كتاب المعارف الأدبية ص (34)**
- **وزع النشاطات والمهام عليهم ليبدؤوا عملية التعلم التعاوني.**

بطاقة الإجابة لورقة العمل (1):

- **التركيب الأول يتميز عن التركيب الثاني بزيادة (إن) و(اللام) في كلمة غفور، وهذه الزيادة في بناء التركيب الأول أكسبته زيادة في المعنى.**
- **التركيب الأول أقوى تأثيرا لأنه يتضمن أداتي توكيد، وهما تؤكدان مغفرة الله لعباده، ورحمته لهم.**
- **اللام المتصلة بكلمة غفور تسمى (اللام المزحلقة).**
- **لفظ الجلالة في التركيب الأول اسم إن منصوب، وكلمة غفور خبرها مرفوع.**

- **دون على السبورة الجملتين الآتيتين:**

1- ألقى الله في الأرض رواسي. 2- وضع الله في الأرض رواسي.

- **كلف أحد الطلاب قراءتهما قراءة جهرية.**

أجر المناقشة:

المعلم: أي الجملتين السابقتين أكثر قوة ودلالة على معنى ثبات الجبال ورسوخها؟

أحد الطلاب: الجملة الأولى.

المعلم: هل تستطيع أن تعلل إجابتك؟.

الطالب: الجبال راسية في الأرض، وراسخة في أعماقها، ولا يناسبها الفعل وضع، لأنه يدل على مجرد ترك الشيء على سطح الأرض دون تثبيت، بينما الفعل (ألقى) استعمل في مواضع أخرى من القرآن الكريم للدلالة على الرسوخ والتغلغل في العمق.

المعلم: ألديك شواهد وأدلة؟

الطالب: قال تعالى: " وألقوه في غيابة الجب " و(غيابة الجب) تعني في أعماق البئر. وفي آية أخرى قال تعالى: " وألقى في قلوب الذين كفروا الرعب " والفعل (ألقى) هنا يفيد تبيت الرعب وتغلغله في أعماق قلوبهم، فلا يستطيعون الصمود في وجه المسلمين، ولو أنه قال: وضع في قلوب الذين كفروا الرعب لكان هذا الرعب قابلا للزوال والتزحزح من قلوبهم.

بطاقة الإجابة لورقة العمل (2)

- ضمير منفصل، وهو ضمير شأن.
- يعرب ضمير الشأن في هذا الموقع مبتدأ في محل رفع.
- فاعل أنزل ضمير مستتر تقديره (هو) يعود على (ضمير الشأن) العائد على الله.
- ماءً: مفعول به منصوب، وعلامة نصبه تنوين الفتح الظاهر.

تقدم الجار والمجرور (من السماء) على المفعول به (ماءً) لكي يزداد التلاحم النظمي متانة بين الجار والمجرور وكلمة (أنزل)، فالسماء العالية يلزمها الفعل (أنزل)، والسماء رمز العلو والرفعة لمقام رب العزة، وبهذا يرتبط نزول الماء بقدرة وفضل رب العالمين.

يوحي التقديم بأهمية المكان الذي أنزل منه المطر، فحدوث هذا التقديم يشير إلى سؤال افتراضي تقديره: من أين أنزل ماء المطر؟ فيكون الجواب: من السماء. ولو افترضنا أن الذي تقدم هو كلمة (ماءً) لكان السؤال الافتراضي تقديره: ماذا أنزل الله من السماء؟ فيكون الجواب (ماءً).

الإيحاءات والظلال التي توحي بها كلمة (ماء) هي: الارتواء، الخصب، النماء، الحياة.

بطاقة الإجابة لورقة العمل (3):

- ما نوع هذ الجملة؟ (جملة فعلية).
- حدد عناصرها. (تأكل فعل. واو الجماعة فاعل. لحماً مفعول به).
- ما نوع اللام المتصلة بكلمة (تأكلوا)؟ (لام التعليل).
- ما الإعراب الكامل لكلمة (تأكلوا)؟ (فعل مضارع منصوب بلام التعليل، وعلامة نصبه حذف النون من آخره لأنه من الأفعال الخمسة).
- بماذا توحي لك كلمة (لحماً طرياً)؟ (توحي بالقيمة الغذائية العالية للحم السمك، وبسهولة هضمه).
- على من يعود الضمير (الهاء) في كلمة منه؟ (يعود على البحر في الآية 14).

▪ اعرض الآية الكريمة على السبورة: "إن المتقين في جناتٍ ونهرٍ" (القمر 54)

▪ كلف عدداً من الطلاب قراءتها قراءةً جهرية.

▪ أجر المناقشة:

المعلم: ما الدلالة التي تفيدها كلمة (نهر) في الآية الكريمة؟

طالب: تدل على مجرى الماء.

المعلم: هل ترون أن لها دلالاتٍ أخرى؟

طالب: لقد تعلمنا بأن الجنة ليس بها ليل، لذلك قد تدل كلمة (نهر) على الضياء والنور.

المعلم: هل من دلالاتٍ أخرى لكلمة (نهر) في سياق الآية؟

طالب: أنا أرى أنها تعني السعة في الرزق، وتعني رغد العيش.

طالبٌ آخر: ولكن لماذا لا نأخذ بالدلالة الأولى وهي مجرى الماء، فقد اقترن ذكر الجنات في القرآن الكريم دائماً بذكر الأنهار، لذلك فأنا أراها الأكثر رجحاناً.

المعلم: هل تحفظ شيئاً من ذلك؟

الطالـــب: ﴿ جَنَّٰتُ عَدۡنٖ يَدۡخُلُونَهَا تَجۡرِي مِن تَحۡتِهَا ٱلۡأَنۡهَٰرُۖ لَهُمۡ فِيهَا مَا يَشَآءُونَۚ كَذَٰلِكَ يَجۡزِي ٱللَّهُ ٱلۡمُتَّقِينَ ﴿٣١﴾ ﴾ (النحل 31).

﴿ مَّثَلُ ٱلۡجَنَّةِ ٱلَّتِي وُعِدَ ٱلۡمُتَّقُونَۖ فِيهَآ أَنۡهَٰرٞ مِّن مَّآءٍ غَيۡرِ ءَاسِنٖ وَأَنۡهَٰرٞ مِّن لَّبَنٖ لَّمۡ يَتَغَيَّرۡ طَعۡمُهُۥ وَأَنۡهَٰرٞ مِّنۡ خَمۡرٖ لَّذَّةٖ لِّلشَّٰرِبِينَ وَأَنۡهَٰرٞ مِّنۡ عَسَلٖ مُّصَفّٗىۖ وَلَهُمۡ فِيهَا مِن كُلِّ ٱلثَّمَرَٰتِ وَمَغۡفِرَةٞ مِّن رَّبِّهِمۡۖ كَمَنۡ هُوَ خَٰلِدٞ فِي ٱلنَّارِ وَسُقُواْ مَآءً حَمِيمٗا فَقَطَّعَ أَمۡعَآءَهُمۡ ﴿١٥﴾ ﴾ (محمد 15).

المعلم: يعزز الطالب بالثناء المناسب، ويبدي إعجابه بأدلته.

المعلم: أنا أرى أن جميع الدلالات التي ذكرتموها منطقيةٌ، وقد تكون كلها مقصودة في سياق هذه الآية الكريمة، لأن كلمة (نهر) وردت من غير قرينةٍ ترجح إحدى هذه الدلالات على غيرها، وهذا من باب التوسع في المعنى، وهو أسلوبٌ مألوفٌ في النظم القرآني.

الخطة الدرسية للحصة الأولى

"الشيخ ربيع"

النتاجات	الإجراءات		الوسائط التعليمية	التقويم
	دور المعلم	دور الطالب		
▪ ينشئ بطاقةً شخصيةً للشاعرة نازك الملائكة. ▪ يقرأ النص قراءة جهرية صحيحة معبرة عن المعنى. ▪ يتعرف معاني الكلمات من خلال السياق الذي وردت فيه. ▪ يستنتج الأفكار الجزئية من النص. ▪ يوازن بين أساليب النظم ويفاضل بينها. ▪ يعلل التقديم والتأخير في بعض مقاطع القصيدة. ▪ يقدر فضل النظم في توضيح المعنى.	▪ التمهيد للدرس ▪ قراءة القدوة ▪ تنظيم الموقف الصفي ▪ طرح الأسئلة ▪ توزيع أوراق العمل ▪ متابعة أداء الطلاب ▪ استثارة تفكير الطلاب ▪ التعزيز ▪ تقديم التغذية الراجعة	▪ المشاركة في إنشاء البطاقة الشخصية للشاعرة ▪ الاستماع لقراءة المعلم ▪ قراءة المحاكاة ▪ الإجابة على الأسئلة المطروحة ▪ المشاركة في تنفيذ النشاطات وأوراق العمل	▪ الكتاب المدرسي ▪ السبورة ▪ أوراق العمل ▪ المعجم اللغوي ▪ المسجل الصوتي	▪ ملاحظة الأداء ▪ طرح الأسئلة

من شعر التفعيلة

"الشيخ ربيع"

3 حصص

الحصة الأولى

أخي المعلم:

- **ذكر الطلبة بمفهوم الشعر العمودي وسماته المتمثلة بوحدة البيت والقافية والبحر الشعري.**
- **اقرأ على مسامعهم بعضا من أبيات ذلك الشعر التي مرت بهم.**
- **الفت انتباههم إلى أنهم الآن أمام لون مختلف من ألوان الشعر، ألا وهو شعر التفعيلة، وادعهم إلى تعرف خصائصه وسماته التي تميزه عن الشعر العمودي، من خلال نص "الشيخ ربيع".**
- **ضعهم في جو النص: "عاشت الشاعرة طفولتها بين أحضان الطبيعة الساحرة، فأحبت البساتين وأشجارها، والحقول وخضرتها، وقد انعكس ذلك في شعرها، ويلاحظ انفعالها وتفاعلها مع الطبيعة في قصيدتها: الشيخ ربيع."**

بطاقة هوية الشاعرة:

الاسم: نازك الملائكة، شاعرة عربية، نشأت في أسرة أدبية، أبواها شاعران، وخالها شاعر.

تاريخ الولادة: 1923 **مكان الولادة: بغداد / العراق.**

تاريخ الوفاة: 2007/6/20 **مكان الوفاة: القاهرة / مصر**

المؤهلات العلمية: 1- **ليسانس** 1944. 2- **ماجستير في الأدب المقارن** 1950.

اللغات التي تتقنها: الإنجليزية والفرنسية واللاتينية. المهنة: أستاذة جامعية.

الهوايات: العزف الموسيقي على العود.

المؤلفات:

1- عاشقة الليل.

2.- شظايا ورماد.

3- قرارة الموجة.

4- شجرة القمر

5- مأساة الحياة

6 - قضايا الشعر المعاصر.

- اقرأ النص على مسامع الطلبة قراءة قدوة.
- كلف بعض الطلبة قراءة مقاطع من النص قراءة محاكاة، وذكرهم بمهارات الضبط السليم، والطلاقة، وتمثيل المعنى.
- وزع ورقة العمل (1).
- تابع عمل المجموعات.
- اقبل أية جملة سليمة التركيب مفيدة المعنى.

بطاقة الإجابة الصحيحة لورقة العمل (1):

- عد إلينا وأطل مكثك فينا. (بقاءك)
- ويرد الشيخ من غرفته عذب المرح. (حلو جميل)
- كل زرٍ وردةٌ منتشية. (فرحة مسرورة)
- وأخيراً ها هو الشيخ ربيع يتمطى قائما ثم يسير. (يبدي حركات توحي بشروعه في النهوض) (يقوم المعلم بحركات توضح التمطي)

- ناقش الطلبة في أفكار النص:

المعلم: ما الأفكار الجزئية التي نلمحها في المقطع الأول من النص؟

طالب: وصف الشاعرة للشيخ ربيع.

المعلم: وماذا أيضا؟

طالب آخر: توضيح لعلاقة الشيخ ربيع الوثيقة بشهر نيسان.

المعلم: وماذا نلمح أيضا؟

طالب آخر: تعبير عن شوق الشاعرة لعودة فصل الربيع، ورغبتها في بقائه مدة طويلة.

المعلم: ما الأفكار التي نلمحها في المقطع الثاني؟

طالب: تصوير لتأثر الطبيعة بعناصرها المختلفة بقدوم شهر نيسان.

المعلم: ما الأفكار التي نلمحها في المقطع الثالث؟

طالب: نلمح حوارا بين الشيخ ربيع والعصافير.

المعلم: وماذا أيضا؟

طالب آخر: تأهب الشيخ ربيع للخروج بزينته التي من اللـه بها عليه.

المعلم: ما الأفكار التي نلمحها في المقطع الأخير من النص؟

طالب: ظهور الشيخ ربيع، ونثره الورد والزهر في كل مكان.

المعلم: وماذا أيضا؟

طالب آخر: تأثر أطياف الشمس عند المغيب بألوان الأزهار.

▪ عزز، أصحاب الإجابات الصحيحة بالثناء المناسب.

بطاقة الإجابة لورقة العمل (2):

- تركيز الشاعرة على الحدث والحركة التي هي مفتاح النشاط جعلها تقدم الفعل (حان) على الاسم (اليقظة)، وتقدم الفعل (نمرح) على الاسم (رفاق).
- الترتيب المنطقي والمتدرج لمراحل النهار جعلها تقدم (الفجر) على (الشمس) لأن العصافير من عادتها الوقوف على أطراف الأغصان العالية فقد أضافت الشاعرة كلمة (أعناق) للغصون، لتكون الصورة أكثر وضوحاً.
- رغبة الشاعرة في بيان مسؤولية العصافير الصغيرة عما أحدثته من غناء وحركة ونشاط جعلها تقدم الجار والمجرور (منا) على الفاعل (السواقي).

الخطة الدرسية للحصة الثانية

"الشيخ ربيع"

النتاجات	الإجراءات		الوسائط التعليمية	التقويم
	دور المعلم	دور الطالب		
▪ يضبط الكلمات ضبطا صحيحا. ▪ يميز بين دلالات الكلمات المتشابهة لفظا. ▪ يفاضل بين التراكيب والجمل. ▪ يتعرف معاني الحروف وأثرها في معنى الجملة. ▪ يكتشف الإيحاءات والظلال لبعض الكلمات. ▪ ينشئ فقرةً يعبر بها عن إعجابه بجمال فصل الربيع. ▪ يتعمق إيمانه بقدرة الله على الخلق والإبداع.	▪ التمهيد للدرس ▪ تنظيم الأدوار ▪ طرح الأسئلة ▪ توزيع أوراق العمل ▪ متابعة أداء الطلاب ▪ التعزيز ▪ تقديم التغذية الراجعة ▪ توجيه الطلاب نحو القيم الإيمانية	▪ القراءة الصحيحة المضبوطة بالشكل ▪ الإجابة على الأسئلة المطروحة ▪ المفاضلة بين التراكيب والجمل ▪ التعبير كتابيا عن إعجابه بجمال الربيع ▪ الوقوف على معاني الكلمات القريبة والبعيدة	▪ الكتاب المدرسي ▪ السبورة ▪ أوراق العمل ▪ المعجم اللغوي	▪ طرح الأسئلة ▪ ملاحظة أداء الطلاب

"الشيخ ربيع"

الحصة الثانية

أخي المعلم:

ذكر الطلبة بجو النص، والأفكار الرئيسة فيه.

بطاقة الإجابة لورقة العمل (1):

- **حانت اليقظة فلنمرح رفاقي. (نمرح فعل مضارع مجزوم بلام الأمر)**
- **كل زرٍ وردةٌ منتشية. (وردةٌ خبر مرفوع للمبتدأ كل)**
- **ذو الثياب الخضر والوجه البديع.(الثياب مضاف إليه مجرور)**
- **نقلت إنشاد عصفور صغير. (إنشاد مفعول به منصوب للفعل نقل)**

بطاقة الإجابة لورقة العمل (2):

- **أطل مكثك فينا. (ابق مدة طويلة)**
- **أطل البدر من بين السحاب. (لاح وظهر)**
- **قبل أن تلوي خطاها خلف الربا.(التلال)**
- **يمحق الـلـه الربا ويربي الصدقات.(المال الحرام)**
- **عم صباحاً أيها الضوء.(تحية صباحية)**
- **عم يتساءلون.(عن أي شيء يتساءلون)**

▪ **اعرض الجمل الآتية على السبورة.**

1- مرحباً نيسان! قد حان لنا أن نظهرا.

2- مرحباً نيسان! حان لنا أن نظهرا.

3- يا عصافيري لا تعجلن إني أتزين.

4- يا عصافيري لا تعجلن أنا أتزين.

5- بعد حينٍ أرتدي ثوبي الملون.

6- ويداه تنثران الورد في المرج البديع.

- اقرأ الجمل السابقة قراءة قدوة.
- كلف بعض الطلبة قراءتها قراءة محاكاة.
- أجر المناقشة:

المعلم: بم تختلف الجملة الأولى عن الجملة الثانية؟

طالب: جملة " حان لنا أن نظهرا " في الأولى سبقت ب قد. وفي الثانية جاءت من غير قد.

المعلم: وهل يؤثر هذا في المعنى؟

طالب: نعم! " قد " في الأولى زادت المعنى قوة وتأكيدا.

المعلم: بم تختلف الجملة الثالثة عن الرابعة؟

طالب: في الرابعة " أنا أتزين " جملة اسمية خبرية تخلو من أي تأكيد للمعنى، بينما في الثالثة دخلت عليها " إن" فزادت الخبر تأكيدا، وهذا التأكيد دل على أن ظهور الربيع بكامل زينته أمرٌ حتمي.

المعلم: بم توحي كلمة " الملون " في الجملة الخامسة؟

طالب: كلمة الملون لها ظلال وارفة، وهي توحي بتنوع النباتات وأشكالها وأحجامها وألوانها وشذاها، مما يشير إلى جمال فصل الربيع وبهائه.

المعلم: بم توحي كلمة " تنثران " في الجملة السادسة.

طالب: توحي بكثرة الأزاهير في فصل الربيع وبوفرتها، وبكرم الخالق عز وجل في تزيين بيئة الإنسان، كما توحي بخفة الشيخ ربيع ومهارته في توزيع هداياه.

- عزز الطلبة الذين أبدوا إجابات صحيحة بشكل مناسب من أشكال التعزيز.

الخطة الدرسية للحصة الثالثة

"الشيخ ربيع"

النتاجات	الإجراءات		الوسائط التعليمية	التقويم
	دور المعلم	دور الطالب		
▪ قراءة ما يعرض له من نصوص قراءة صحيحة. ▪ توضيح التعلق بين الكلمات. ▪ تحديد مواضع التقديم والتأخير في النص. ▪ التمييز بين أساليب الكلام. ▪ تعرف المعاني الظاهرة والضمنية في النص. ▪ توضيح الصور البيانية في بعض التراكيب. ▪ إظهار ميله نحو الأشياء الجميلة.	▪ التمهيد للدرس ▪ شرح بعض القضايا اللغوية ▪ طرح الأسئلة ▪ توزيع الأدوار بين الطلاب ▪ توزيع المهام وأوراق العمل ▪ إثارة تفكير الطلاب ▪ متابعة الأداء ▪ التعزيز ▪ تقديم التغذية الراجعة	▪ القراءة الصحيحة ▪ الإجابة على الأسئلة المطروحة ▪ تنفيذ النشاطات ▪ توضيح التعلق بين الكلمات ▪ التمييز بين الأساليب ▪ الوقوف على المعاني الظاهرة والضمنية ▪ طرح بعض التساؤلات	▪ الكتاب المدرسي ▪ السبورة ▪ أوراق العمل ▪ ملف الإنجاز	▪ طرح الأسئلة ▪ ملاحظة الأداء

"الشيخ ربيع"

الحصة الثالثة

أخي المعلم:

ذكرالطلبة بما تعلموه من النص في الحصة السابقة.

بطاقة الإجابة النموذجية لورقة العمل (1):

- **نجوب الأرض ودیانا وبیداً وسهوبا. (تعلق اسم بفعل، والاسم مفعول به للفعل).**
- **هذه خطوة نيسان على وجه الحقول. (تعلق اسم باسم، الأول مضاف، والثاني مضاف إليه).**
- **شربت أول بسمة من شفاه الشمس. (تعلق حرف الجر بالاسم المجرور).**
- **أطل نيسان من كوى غرفته عذباً طروبا. (تعلق الحال بصاحبه، وهو تعلق الاسم بالاسم).**

▪ **اعرض الأبيات الآتية للطلبة:**

نيسان قلبي للزهور طروب	**والزهر فيك مميزٌ محبوب**
والطيب منك يضوع فينا نشره	**إذ ما يحين من النسيم هبوب**
وأرى فراش الحقل يهمس قائلاً	**للزهر إني في هواك أذوب**
والزهر ينأى تائهاً بجماله	**والتيه طبعٌ في الزهور عجيب**

▪ **ناقش الطلبة:**

المعلم: ما الأسلوب الذي اتبعه الشاعر في البيت الأول؟

طالب: أسلوب نداء، فتقدير الكلام (يا نيسان).

المعلم: ماذا يريد الشاعر من نيسان؟

طالب: يريد أن يقول له: أنه يطرب لمرأى الزهور.

المعلم: وما شأن نيسان بذلك؟

طالب: لأن نيسان شهر الربيع، وتكثر فيه أنواع الزهور.

المعلم: هل ينطوي نظم هذا البيت على شيءٍ من التقديم والتأخير.

طالب: كأن الشاعر أراد أن يقول: يا نيسان قلبي طروبٌ للزهور، والزهر مميزٌ فيك ومحبوبٌ، فقدم الجار والمجرور (للزهور) على خبر المبتدأ (طروب) وذلك للأهمية، وقدم الجار والمجرور (فيك) على خبر المبتدأ (مميز) لأن (الكاف) فيه تعود على نيسان، ونيسان محور الحديث.

المعلم: من منكم يستنتج معنى (يضوع) من سياق البيت الثاني؟

طالب: بما أن (يضوع) فعل ، وهو متعلقٌ بفاعله (نشر)، والنشر هو الرائحة الطيبة، فأنا أقدر أن معنى (يضوع) هو: يفوح وينتشر.

المعلم يعزز الطالب على هذا الاستنتاج.

طالب يسأل المعلم: ما إعراب كلمة (قائلاً) الواردة في الشطر الأول من البيت الثالث؟

المعلم: كلمة (قائلاً) في ذاك الموقع تعرب (حالاً)

الطالب: وأين صاحب الحال يا أستاذنا؟

المعلم: صاحب الحال هو: كلمة (فراش).

المعلم: ما إعراب كلمة (تائهاً) في البيت الأخير؟

طالب: أظنها (حالاً).

المعلم يبدي موافقته على إجابة الطالب ويثني عليه.

المعلم: وما صاحب هذه الحال؟

طالب: صاحبها كلمة (الزهر) في بداية البيت.

- **لا تنس تعزيز الطالب بكلمة مناسبة.**

بطاقة الإجابة النموذجية لورقة العمل (2):

- أيها الشيخ ربيع. (أسلوب نداء).

- فلنمرح رفاقي. (أسلوب أمر).
- لماذا تتعجلن خروجي.(أسلوب استفهام).
- لا تعجلن إني أتزين. (أسلوب نهي).
- لم يزل يسقى ندى الليل. (أسلوب نفي).

▪ اعرض المقطع الآتي على السبورة.

"هذه خطوة نيسان على وجه الحقول
شربت أول بسمة من شفاه الشمس
والفجر على صدر السهول لم يزل
يسقى ندى الليل".

▪ أجر المناقشة الآتية:

المعلم: تقول الشاعرة: " هذه خطوة نيسان " فهل نيسان يمشي؟
طالب: نيسان ليس كائنا حياً حتى يمشي، ولكن الشاعرة شبهته بإنسان يمشي خطوة خطوة.
المعلم: هل لك أن توضح لنا التشبيه؟
الطالب: المشبه نيسان، والمشبه به الإنسان، أداة التشبيه محذوفة، وجه الشبه هو التدرج في التقدم. ولكن الشاعرة حذفت المشبه به وهو الإنسان، وأبقت شيئا من لوازمه وهو الخطو، وذلك على سبيل الاستعارة المكنية.
المعلم: ولكن ما هدف الشاعرة من هذه الصورة؟
أحد الطلاب: بيان الهيئة التي يحل فيها شهر نيسان في الطبيعة، وهي الحلول التدريجي لفصل الربيع.
المعلم يثني على الطلبة لصحة إجاباتهم.
المعلم: انظروا معي في قول الشاعرة: " شربت أول بسمة من شفاه الشمس "
المعلم: من منكم يعين فاعل شرب؟
طالب: ضمير مستتر تقديره " هي " يعود على خطوة في السطر السابق.

المعلم: وهل الخطوة تشرب؟ وهل للشمس شفاه يشرب منها؟

طالب: المعاني الظاهرة لكلمتي "الشرب" و"الشفاه" في هذا السطر ليست مقصودة إطلاقا لدى الشاعرة، وكأني بها تريد معنى ضمنياً أبعد من ذلك، وهو أن شهر نيسان يمثل بدايات موسم الدفء بعد رحيل برد الشتاء، وأن هذا الدفء مستمد من أشعة الشمس، وأنه ضروري لنمو النباتات وتفتح الأزهار.

عبر عن إعجابك بهذا التحليل وعزز الطالب بالثناء المناسب.

- وزع ورقة العمل (3).
- تابع عمل المجموعات.

بطاقة الإجابة الصحيحة لورقة العمل (3):

شبهت الشاعرة خطوة نيسان بإنسان، ثم حذفت المشبه به وهو الإنسان وأبقت شيئا من لوازمه وهو الفعل" شربت " وذلك على سبيل الاستعارة المكنية.

شبهت الشاعرة عملية تجرع شهر نيسان للدفء من الشمس بعملية تجرع الإنسان للماء من الكأس، غير أنها حذفت "المشبه" وصرحت بلفظ "المشبه به"، وذلك على سبيل الاستعارة التصريحية.

شبهت الشمس بكأس له شفة يشرب منها الماء، وحذفت المشبه به، وأبقت شيئا من لوازمه وهو كلمة " شفاه " وذلك على سبيل الاستعارة المكنية.

شبهت الشاعرة عملية تزويد الشمس لنيسان بالدفء بعملية تزويد الكأس للإنسان بالماء، غير أنها حذفت المشبه، وصرحت بلفظ المشبه به وذلك على سبيل الاستعارة التصريحية.

الخطة الدرسية للحصة الأولى

"الطلل والرحلة"

النتاجات	الإجراءات		الوسائط التعليمية	التقويم
	دور المعلم	دور الطالب		
▪ يتعرف جو النص ومفهوم ظاهرة الطلل. ▪ يقرأ النص قراءة جهرية صحيحة معبرة عن المعنى. ▪ يتعرف مفهوم الالتفات وموضعه في البيت الأول. ▪ يتعرف معاني الكلمات من خلال السياق الذي وردت فيه. ▪ يحدد موضع الحذف ويستنتج المحذوف من السياق. ▪ تتنامى لديه مشاعر إيجابية تجاه وطنه وأهله.	▪ التهيئة الحافزة ▪ قراءة القدوة ▪ شرح مفهوم الالتفات ▪ تهيئة فرص التعلم ▪ طرح الأسئلة ▪ توزيع المهام وأوراق العمل ▪ ملاحظة الأداء ▪ التعزيز ▪ تقديم التغذية الراجعة	▪ إنشاء بطاقة شخصية للشاعر ▪ الاستماع إلى قراءة المعلم ▪ محاكاة قراءة المعلم ▪ الإجابة على الأسئلة المطروحة ▪ تنفيذ النشاطات والمهام ▪ التحليل والاستنتاج ▪ توظيف المفردات في سياقات جديدة	▪ الكتاب المدرسي ▪ السبورة ▪ أوراق العمل ▪ المعجم اللغوي ▪ معجم البلدان ▪ شرح المعلقات	▪ طرح الأسئلة ▪ ملاحظة الأداء

من الأدب الجاهلي

"الطلل والرحلة"

لعبيد بن الأبرص

الحصة الأولى

اخي المعلم:

- **ذكرالطلبة بالمعلقات وأصحابها ومطالعها.**
- **ناقشهم في مطالع بعض المعلقات معتمداً على خبراتهم السابقة.**
- **استخلص وإياهم السمات المشتركة بين تلك المطالع، ودونها على السبورة.**
- **كلفهم إنشاء سيرة ذاتية للشاعر عبيد بن الأبرص من خلال ملء البطاقة الشخصية له.**

الاسم: عبيد بن الأبرص بن عوف بن جشم. الكنية: أبو زياد

القبيلة: بنو أسد من مضر. العصر الذي عاش فيه: العصر الجاهلي.

وفاته: مات ميتة منكرة حيث قتله المنذر بن ماء السماء في يوم بؤسه.

- **اقرأ النص قراءة اقتداء مبرزاً جمال المعنى.**
- **كلف عدداً من الطلاب قراءة أبيات النص قراءة محاكاة.**

أجر المناقشة الآتية:

المعلم: على من يعود الضمير في الفعل (بكيت) في البيت الأول؟

طالب: يعود على المخاطب.

المعلم: وعلى من يعود الضمير في كلمة (أمثالي) من البيت ذاته؟

طالب: يعود على المتكلم.

المعلم: من منكم يفسر سر التنوع في لغة الخطاب في بيت واحد؟

طالب: بدايةً جرد الشاعر من نفسه شخصاً آخر - على عادة شعراء العصر الجاهلي - وراح يسائله: هل تبكي من مجرد رؤية منزل محيت آثاره؟ ثم استدرك الشاعر، وتساءل مستغرباً ومستهجناً بكاءه بقوله: (وهل يبكي من الشوق أمثالي؟!)

المعلم: لقد نظم الشاعر الكلمات في بيته الشعري وفق ترتيبها في نفسه، فماذا يسمى التنقل بين أنواع الضمائر في لغة الخطاب؟

طالب: يسمى (الالتفات)، وهو من محسنات الكلام.

أثن على الطالب وأكد إجابته.

وضحً مفهوم الالتفات في البلاغة العربية، وعمم قاعدته.

(الالتفات يعني التحول في التعبير بين أسلوب التكلم والخطاب والغياب بعد أن تبدأ العبارة بأحدها، وذلك لفائدة بلاغية.)

بطاقة الإجابة الصحيحة لورقة العمل (1):

منزل عافٍ: منزل ممحوة آثاره.

أطلال: مفردها طلل، وهو ما بقي شاخصاً من آثار الديار.

بسابس: مقفرة وخالية من الناس.

غبطة: فرح وسرور وحسن حالٍ.

يعرض مقرر كل مجموعة الجمل التي أنشأتها مجموعته، وينتقي المعلم أجملها لتعميمه.

- أجر المناقشة الآتية:

المعلم: من يقرأ البيت الثاني؟

طالب يقرأ: ديارهم إذ هم جميع فأصبحتبسابس إلا الوحش في البلد الخالي.

المعلم: كيف كانت حال الديار عندما كان أهلها مجتمعين فيها؟

طالب: كانت عامرةً بأهلها.

المعلم: وكيف استنتجت ذلك؟

الطالب: لأن جملة (فأصبحت بسابس إلا من الوحش) وصفت لنا حال الديار بعد رحيل أهلها عنها وهذا أيضاً يوحي لنا بالحال التي كانت عليها تلك الديار قبل الرحيل.

المعلم: كأنك تريد أن تقول بأن كلمةً ما قد حذفت من البيت.

الطالب: نعم يا معلمي، لقد حذف الشاعر خبر المبتدأ (ديار).

المعلم: من يقدر لنا الخبر المحذوف؟

طالب: الخبر المحذوف (عامرة)، وتقدير أصل الكلام: ديارهم عامرةٌ إذ هم جميع. وهذا الحذف أضفى جمالاً على نظم البيت.

المعلم يعزز الطالب بطريقة مناسبة.

الخطة الدرسية للحصة الثانية

"الطلل والرحلة"

النتاجات	الإجراءات		الوسائط التعليمية	التقويم
	دور المعلم	دور الطالب		
▪ يميز بين أساليب التعبير المختلفة. ▪ يتعرف الغرض من توظيف أسلوب الاستفهام في النظم. ▪ يحدد أسلوب الشرط وأركانه في بعض الأبيات. ▪ يصف الدلالة الإيحائية لبعض العبارات الواردة في النص. ▪ ينظم بعض الكلمات الواردة في النص في سياقات جديدة. ▪ يحدد مواضع التقديم والتأخير في النص. ▪ يبدي تعاطفاً مع قضية الشاعر المتمثلة في تفرق أهله وبعده عن موطنه.	▪ التهيئة الحافزة ▪ تهيئة فرص التعلم ▪ طرح الأسئلة ▪ توزيع المهام والنشاطات ▪ متابعة الأداء ▪ التعزيز ▪ تقديم التغذية الراجعة ▪	▪ التمييز بين أساليب التعبير ▪ الإجابة على الأسئلة المطروحة ▪ تنفيذ النشاطات والمهام ▪ التحليل والاستنتاج ▪ توظيف المفردات في سياقات جديدة ▪ البحث والاستخراج	▪ الكتاب المدرسي ▪ السبورة ▪ شرح المعلقات ▪ المعجم اللغوي ▪ معجم البلدان ▪ أوراق العمل	▪ طرح الأسئلة ▪ ملاحظة الأداء

"الطلل والرحلة"

الحصة الثانية

أخي المعلم:

اطرح أسئلة تستثير بها أذهان الطلبة نحو ما تعلموه في الحصة السابقة.

دون على السبورة الجملتين الآتيتين:

- **وهل يبكي من الشوق أمثالي؟**
- **فلما رأيت الحاديين تكمشا ندمت على أن يذهبا ناعمي بال.**

كلف بعض الطلبة قراءة الجملتين قراءة معبرة.

أجر المناقشة الآتية:

المعلم: ما نوع الأسلوب في الجملة الأولى؟

طالب: أسلوب استفهام.

المعلم: ما أداة الاستفهام المستخدمة؟

طالب: (هل).

المعلم: وما المعنى الذي تفيده (هل) في هذا الأسلوب؟

طالب: تفيد التصديق، أي أن الجواب عليها يكون ب(نعم) أو (لا).

المعلم: وكيف اهتديت إلى هذه الإجابة؟

الطالب: من سياق الكلام، فالاستفهام ب(هل) لا يكون إلا بالتصديق، ولا يكون بالتصور.

المعلم: يعزز الطالب بطريقة مناسبة.

المعلم: ما المعنى المستفاد من أسلوب الاستفهام في هذا السياق؟

طالب: الاستفهام في هذا السياق خرج عن معناه الحقيقي إلى الإنكار، فكأن الشاعر ينكر على نفسه البكاء من الشوق حتى لا يتهم بالضعف والنزق العاطفي.

المعلم: يعزز الطالب، ويثني على حسن تعليله، وجمال تعبيره.

المعلم: ما نوع الأسلوب في الجملة الثانية؟

طالب: أسلوب شرط.

المعلم: من يحدد لنا أركان جملة الشرط؟

طالب: أداة الشرط(لما) جملة الشرط (رأيت الحاديين تكمشا) جملة جواب الشرط: (ندمت).

المعلم: ما سبب ندم الشاعر؟

طالب: لأن الحاديين مضيا ناعمي بال.

المعلم: ما المقصود بالحاديين؟

طالب: الحاديان مثنى، ومفردها حادٍ، والحادي رجلٌ يغني للإبل ليحثها على السير.

المعلم: ما الدلالة الإيحائية لعبارة (ناعمي بال)؟

طالب: في هذه العبارة كناية عن صفة، وهي أن الحاديين قد مضيا مرتاحين، ولم يعاقبا على تقصيرهما في حث الإبل على المسير.

المعلم: وكيف اهتديت لذلك التقصير منهما؟

الطالب: هناك دليلان، أحدهما في البيت ذاته، وهو كلمة (تكمشا) والدليل الآخر في البيت الذي يليه، حيث يقول الشاعر:" رفعنا عليهن السياط فقلصت بنا كل فتلاء الذراعين مرقال أي أنه هو وأصحابه رفعوا السياط على الإبل لتسرع في السير.

المعلم: يثني على الطالب، ويبدي إعجابه بتحليله ودقة ملاحظته.

المعلم: ما المعنى الذي تفيده كلمة السياط؟

طالب: السياط جمع، ومفرده سوط ، وهو أداة مكونة من عصاً في طرفها قطعة من الحبل أو الجلد تساق به الدابة.

المعلم: ما المقصود بكلمة (مرقال)؟

طالب: (مرقال) سريعة في مشيها.

المعلم: ما الدلالة الإيحائية لعبارة (فتلاء الذراعين)؟

طالب: في هذا التعبير كناية عن موصوف، وهي الناقة، وكونها فتلاء الذراعين يستلزم أن تكون قوية، وقوتها سببٌ في سرعتها.

بطاقة الإجابة لورقة العمل (1):

أسلوب الاستفهام : (أبعد بني عمي ورهطي وإخوتي أرجي ليان العيش؟)

أداة الاستفهام: (الهمزة) وتفيد التصديق، وتكون الإجابة عليها إما ب (نعم) أو ب (لا).

الغرض من الاستفهام : الإنكار، فالشاعر ينكر على نفسه التمتع بعيشٍ ناعم لين بعد فراق أهله.

- أسلوب الشرط: " فإن تك غبراء الخبيبة أصبحت خلت منهم واستبدلت غير أبدال"

" فقدماً أرى الحي الجميع بغبطةٍ بها، والليالي لا تدوم على حال"

أداة الشرط: (إن).

جملة الشرط: " تك غبراء الخبيبة أصبحت خلت منهم ".

جملة جواب الشرط: " فقدماً أرى الحي الجميع بغبطةٍ بها ".

بطاقة الإجابة لورقة العمل (2):

- تقدم لفظ (منزل) وتأخر لفظ (بكيت)، وتقدير الكلام أن يتم على النحو الآتي: (أبكيت من منزلٍ عافٍ ومن رسم أطلال؟!).

وقد تم التقديم لأهمية المتقدم، لأن محور الحديث هو الطلل، وهو بقايا المنزل.

- تقدم لفظ (من الشوق) وتأخر لفظ (أمثالي) في الشطر الثاني، والغاية من ذلك بيان أهمية المتقدم، لأن الشوق هو السبب في بكاء الشاعر.

الخطة الدرسية للحصة الثالثة

"الطلل والرحلة"

النتاجات	الإجراءات		الوسائط التعليمية	التقويم
	دور المعلم	دور الطالب		
▪ يتعرف مفهوم التذييل. ▪ يوضح علاقة التذييل بما قبله في البيت الخامس من النص. ▪ يحدد بعض مواطن الحذف ويقدر المحذوف. ▪ يتعرف الغرض من تكرار بعض الكلمات في القصيدة. ▪ يحدد بعض مواضع الإسناد في النص. ▪ يكتب فقرةً يصف فيها الجو النفسي للشاعر كما ظهر في ثلاثة الأبيات الأخيرة. ▪ يظهر ميلاً نحو قراءة الشعر العمودي وحفظه.	▪ التهيئة الحافزة ▪ شرح مفهوم التذييل ▪ طرح الأسئلة ▪ توزيع الأدوار ▪ توزيع المهام والنشاطات ▪ متابعة الأداء ▪ التعزيز ▪ تقديم التغذية الراجعة	▪ الإجابة على الأسئلة المطروحة ▪ تنفيذ المهام والنشاطات ▪ التحليل والاستنتاج ▪ وصف الحالة النفسية للشاعر كتابيا	▪ الكتاب المدرسي ▪ السبورة ▪ المعجم اللغوي ▪ معجم البلدان ▪ أوراق العمل	▪ طرح الأسئلة ▪ ملاحظة الأداء

"الطلل والرحلة"

الحصة الثالثة

أخي المعلم:

اعرض النص الشعري أمام الطلبة.

كلف طالباً أو اثنين قراءة الأبيات قراءة جهرية معبرة.

أجر مراجعة لما تعلمه الطلبة في الحصة السابقة.

دون البيتين الآتيين على السبورة:

فإن تك غبراء الخبيبة أصبحت خلت منهم واستبدلت غير أبدال

فقدماً أرى الحي الجميع بغبطةٍ بها، والليالي لا تدوم على حال

استمع إلى أسئلة الطلبة وأجب عليها.

طالب: ماذا قصد الشاعر بغبراء الخبيبة؟

المعلم: غبراء الخبيبة يا بني مكانٌ يجتمع فيه قوم الشاعر، ويوحي بهذا المعنى قوله: (خلت منهم).

طالب: إذا كانت (إن) أداة شرط وما بعدها فعل الشرط فأين جواب الشرط الذي يتمم المعنى؟

المعلم: لو تأملنا البيتين لوجدناهما مترابطين في المعنى، فكأن الشاعر أراد أن يقول: إن كانت غبراء الخبيبة خاليةً من قومي الآن فإنها قديماً كانت مجتمعاً لهم، وبناءً على ذلك يكون جواب الشرط (فقدماً) وما بعدها، وبذلك يتم المعنى.

طالب: ما علاقة جملة (والليالي لا تدوم على حال) بما قبلها؟

المعلم: إذا كان حال قوم الشاعر قد تبدل من الاجتماع إلى التفرق فليس غريباً ذلك، فهذه حال الدنيا، وهذا هو ديدن الليالي المتغيرة، وبذلك يا أبنائي تكون جملة (والليالي لا تدوم على حال) خاتمةً منطقيةً منسجمةً مع ما قبلها.

طالب: كثيراً ما أسمع هذه العبارة من بعض كبار السن، وهم يتمثلون بها على تغير أحوال الزمان وتقلبها.

المعلم: أحسنت يا بني، فهذه العبارة بمعزلٍ عن بقية البيت تصلح لأن تكون مثلاً يضرب في مواقف أخرى مماثلة، ولذلك اختارها الشاعر ليختم بها بيته الشعري، وتكون منسجمة معنىً مع بقية مفردات البيت.

طالب: وهل هذا الأسلوب شائعٌ في الأدب العربي؟

المعلم: أجل يا بني، فهذا في علم البلاغة تذييلٌ يجري مجرى المثل، وكثيراً ما يتخذه الشعراء خاتمةً لبعض أبياتهم.

بطاقة الإجابة لورقة العمل (1):

في جملة (واستبدلت غير أبدال) كلمة محذوفةٌ تقديرها: (أبدالاً) يدل عليها السياق، وتقدير الكلام على النحو الآتي: (واستبدلت أبدالاً غير أبدال).

في جملة (فقدماً أرى الحي الجميع بغبطةٍ) كلمة محذوفة تقديرها: (كنت) يدل عليها السياق.

بطاقة الإجابة لورقة العمل (2):

- في البيت الأول المسند هو الفعل (تقف)، والمسند إليه هو الفاعل (ألف الإثنين).
- في البيت الثاني المسند هو الفعل (ألحق)، والمسند إليه هو الفاعل (كل).
- في البيت الثالث المسند هو الخبر (جاءت بريحٍ)، وهو جملةٌ فعلية، والمسند إليه هو (الصبا).

الملاحق

الملحق (1)

المهارات التي يقيسها اختبار استيعاب المعنى

رقم السؤال	المهارة التي يقيسها	مدى ارتباط السؤال بالمهارة		مدى وضوح الصياغة	
		مرتبط	غير مرتبط	واضح	غير واضح
01	تعرف المعنى السياقي				
02	تعرف المعنى المعجمي				
03	تعرف المعنى السياقي				
04	تعرف المعنى المعجمي				
05	تعرف المعنى السياقي				
06	تعرف الموقع الإعرابي				
07	ضبط أواخر الكلم				
08	تحديد الكلمة المحورية				
09	استنتاج عاطفة الشاعر				
10	استنتاج الفكرة المحورية				
11	تعرف عناصر الموسيقا الداخلية				
12	المقارنة والاستنتاج				
13	الاستيعاب واستنتاج المغزى				

رقم السؤال	المهارة التي يقيسها	مدى ارتباط السؤال بالمهارة		مدى وضوح الصياغة	
		مرتبط	غير مرتبط	واضح	غير واضح
14	المقارنة والاستنتاج				
15	استنتاج المعنى العام من السياق				
16	استنتاج المعنى العام من السياق				
17	تعليل التقديم والتأخير في النظم				
18	استنتاج المعنى العام من السياق				
19	استنتاج المعنى العام من السياق				
20	التفريق بين أنواع الأساليب				
21	الربط بين النتيجة ومسبباتها				
22	تحديد نوع العلاقة بين مكونات النظم				
23	تعرف الموقع الإعرابي للكلمات				
24	تعرف مفهوم التشخيص				
25	تمييز التشخيص من غيره من الصور				
26	استنتاج الدلالة الإيحائية لبعض الكلمات				
27	استنتاج أثر الصورة الفنية في نفس				

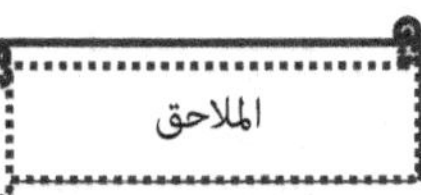

رقم السؤال	المهارة التي يقيسها	مدى ارتباط السؤال بالمهارة		مدى وضوح الصياغة	
		مرتبط	غير مرتبط	واضح	غير واضح
28	القارئ تحديد نوع العلاقة بين مكونات النظم				
29	تعرف المعاني المختلفة للكلمة من السياق				
30	تعرف المعاني المختلفة للكلمة من السياق				
31	تعرف الغرض من التكرار في النظم				
32	تعرف الغرض من الاعتراض في النظم				
33	استنتاج مغزى بعض التراكيب من السياق				
34	ملء الفراغ بالكلمات المناسبة للمعنى				
35	ملء الفراغ بالكلمات المناسبة للمعنى				
36	تمييز العبارات التي تفيد معنى تاماً				

رقم السؤال	المهارة التي يقيسها	مدى ارتباط السؤال بالمهارة		مدى وضوح الصياغة	
		مرتبط	غير مرتبط	واضح	غير واضح
37	تمييز العبارات التي تفيد معنى تاماً				
38	تعرف أنواع التقديم والتأخير				
39	تقدير الكلام المحذوف من خلال السياق				
40	تعرف الغرض من الاعتراض في النظم				

الملحق (2)

اختبار استيعاب المعنى

1. ﴿ وَمَا مُحَمَّدٌ إِلَّا رَسُولٌ قَدْ خَلَتْ مِن قَبْلِهِ الرُّسُلُ ﴾ (آل عمران 144).

خلا تعني:

أ. فرغ

ب. سبق

ج. بدا

د.انطلق

2. مرادف الكلمة التي تحتها خط في عبارة:

" يبذل الطالب جهده لاستجلاء ما غمض عليه من المسألة "

أ. ما بدا له.

ب. ما حل به.

ج. ما افتضح أمره

د.ما أبهم عليه.

3. يا صاحبي تقصيا نظريكما تريا وجوه الأرض كيف تصور

كلمة " تقصيا " تعني:

أ. البحث الدقيق في كل مكان.

ب. تركيز النظر في مكان واحد.

ج. إلقاء لمحة خاطفة.

د.الرؤية بالبصيرة المجردة.

4. ﴿ وَتَرَى الْفُلْكَ فِيهِ مَوَاخِرَ لِتَبْتَغُوا مِن فَضْلِهِ وَلَعَلَّكُمْ تَشْكُرُونَ ﴿١٢﴾ ﴾ (فاطر12)

كلمة (مواخر) في الآية الكريمة تعني السفن:

أ. الغارقة.

ب. الراسية.

ج. الجارية.

د.الفضائية.

5. ﴿ وَلَا تَسْتَوِي الْحَسَنَةُ وَلَا السَّيِّئَةُ ادْفَعْ بِالَّتِي هِيَ أَحْسَنُ فَإِذَا الَّذِي بَيْنَكَ وَبَيْنَهُ عَدَاوَةٌ كَأَنَّهُ وَلِيٌّ حَمِيمٌ ﴿٣٤﴾ ﴾ (فصلت 34)

المعنى السياقي لكلمة تستوي في الآية الكريمة هو:

أ. تتساوى.

ب. تتلاقى.

ج. تنضج.

د.تستقيم.

6. ﴿ قُل لَّا أَمْلِكُ لِنَفْسِي نَفْعًا وَلَا ضَرًّا إِلَّا مَا شَاءَ اللَّهُ وَلَوْ كُنتُ أَعْلَمُ الْغَيْبَ لَاسْتَكْثَرْتُ مِنَ الْخَيْرِ وَمَا مَسَّنِيَ السُّوءُ إِنْ أَنَا إِلَّا نَذِيرٌ وَبَشِيرٌ لِّقَوْمٍ يُؤْمِنُونَ ﴿١٨٨﴾ ﴾ (الأعراف 188)

كلمة نذير تعرب:

أ. مبتدأ

ب. خبراً لمبتدأ

ج. مستثنى

د.خبر (إن)

7. الحركة المناسبة لآخر كلمة " فلنبذل " في جملة: " فلنبذل جهدنا لخدمة الوطن " هي:

أ. الفتحة.

ب. الكسرة.

ج. السكون.

د.الضمة.

8. ﴿ وَأَنزَلْنَا مِنَ السَّمَاءِ مَاءً بِقَدَرٍ فَأَسْكَنَّاهُ فِي الْأَرْضِ وَإِنَّا عَلَىٰ ذَهَابٍ بِهِ لَقَادِرُونَ ﴿١٨﴾ فَأَنشَأْنَا لَكُم بِهِ جَنَّاتٍ مِّن نَّخِيلٍ وَأَعْنَابٍ لَّكُمْ فِيهَا فَوَاكِهُ كَثِيرَةٌ وَمِنْهَا تَأْكُلُونَ ﴿١٩﴾ ﴾

(المؤمنون18-19)

الكلمة المحورية في الآيتين السابقتين هي:

أ. الأرض.

ب. الفواكه.

ج. السماء .

د.الماء.

9. يا صاحبي تقصيا نظريكما تريا وجوه الأرض كيف تصور

تريا نهارا مشمسا قد زانه زهر الربا فكأنما هو مقمر

عاطفة الشاعر في البيتين هي:

أ. الإعجاب بجمال الطبيعة.

ب. الحرص على مصلحة صاحبيه.

ج. الشوق لدفء الشمس.

د.الشوق لنور القمر.

10. الفكرة المحورية في قصيدة " الشيخ ربيع " هي وصف:

أ. خطى شهر نيسان.

ب. غروب الشمس.

ج. عناصر الجمال في الطبيعة.

د.نسيم الفجر.

11. من مظاهر الموسيقا الداخلية في قصيدة "الشيخ ربيع"

أ. التقفية الداخلية

ب. وحدة البحر

ج. وحدة الروي

د.وحدة القافية

12. " دنيا معاش للورى حتى إذا حل الربيع فإنما هي منظر "

حل الربيع " تشبه في معناها:

أ. حل المال لصاحبه.

ب. حل الطالب المسألة.

ج. حل فلانٌ ضيفا.

د.حل الحاج إحرامه.

13. ﴿ ٱللَّهُ ٱلَّذِى رَفَعَ ٱلسَّمَٰوَٰتِ بِغَيْرِ عَمَدٍ تَرَوْنَهَا ۖ ثُمَّ ٱسْتَوَىٰ عَلَى ٱلْعَرْشِ ۖ وَسَخَّرَ ٱلشَّمْسَ وَٱلْقَمَرَ ۖ كُلٌّ يَجْرِى لِأَجَلٍ مُّسَمًّى ۚ يُدَبِّرُ ٱلْأَمْرَ يُفَصِّلُ ٱلْءَايَٰتِ لَعَلَّكُم بِلِقَآءِ رَبِّكُمْ تُوقِنُونَ ﴿٢﴾ ﴾ (الرعد 2)

نستنتج من الآية الكريمة السابقة أن اللـه يفصل الآيات لغاية:

أ. التأمل والتفكر في خلق السماوات.

ب. دراسة مسارات الأجرام السماوية.

ج. الإيمان بقدرة اللـه على تدبير الأمور.

د.الإيمان بحتمية البعث والنشور.

14. الجملة الأقرب في المعنى لعبارة " وأخذ بليغ الورقة يهرول بها خارج الدار" هي:

أ. خطت الخادمة في الردهة خطوات سلحفاة.

ب. أطلق اللص سيقانه للريح.

ج. هام رشاد على وجهه تثقله الهموم.

د.مشى المريض واهن الخطوات.

15. ﴿ وَأَنزَلْنَا مِنَ ٱلسَّمَآءِ مَآءًۢ بِقَدَرٍ فَأَسْكَنَّٰهُ فِى ٱلْأَرْضِ ۖ وَإِنَّا عَلَىٰ ذَهَابٍۭ بِهِۦ لَقَٰدِرُونَ ﴿١٨﴾ فَأَنشَأْنَا لَكُم بِهِۦ جَنَّٰتٍ مِّن نَّخِيلٍ وَأَعْنَٰبٍ لَّكُمْ فِيهَا فَوَٰكِهُ كَثِيرَةٌ وَمِنْهَا تَأْكُلُونَ ﴿١٩﴾ ﴾ (المؤمنون 18 - 19)

يشير السياق في الآيتين الكريمتين السابقتين إلى تعدد أوجه الانتفاع بفواكه الدنيا، ومنها:

أ. الأكل المباشر.

ب. المتاجرة والربح.

ج.　صناعة المربيات والعصائر.

د.جميع ما ذكر.

16. ﴿ وَتِلْكَ الْجَنَّةُ الَّتِي أُورِثْتُمُوهَا بِمَا كُنتُمْ تَعْمَلُونَ (٧٢) لَكُمْ فِيهَا فَاكِهَةٌ كَثِيرَةٌ مِّنْهَا تَأْكُلُونَ (٧٣) ﴾ (الزخرف72- 73)

يشير السياق في الآيتين الكريمتين السابقتين إلى أن فاكهة الجنة ينتفع بها في:

أ. الأكل المباشر فقط.

ب.　الأكل والادخار.

ج.　الأكل والتجارة.

د.التصدق على الفقراء.

17. ﴿ قُلْ هُوَ الرَّحْمَٰنُ آمَنَّا بِهِ وَعَلَيْهِ تَوَكَّلْنَا فَسَتَعْلَمُونَ مَنْ هُوَ فِي ضَلَالٍ مُّبِينٍ (٢٩) ﴾ (الملك 29)

في الآية الكريمة السابقة تقدم الفعل (آمنا) على الجار والمجرور (به)، وتقدم الجار والمجرور (عليه) على الفعل (توكلنا) لأن:

أ. الإيمان منحصرٌ في الإيمان بالله.

ب.　الإيمان بالله يتم قبل التوكل على الله.

ج.　التوكل على الله يتم قبل الإيمان بالله.

د.التقديم والتأخير ليس له دلالات معنوية.

18. ﴿ وَمَا يَسْتَوِي الْأَحْيَاءُ وَلَا الْأَمْوَاتُ إِنَّ اللَّهَ يُسْمِعُ مَن يَشَاءُ وَمَا أَنتَ بِمُسْمِعٍ مَّن فِي الْقُبُورِ (٢٢) ﴾ (فاطر 22)

تشير الآية الكريمة السابقة إلى واحد من المعاني الآتية:

أ. قُدرات الرسول الصوتية لا تكفي للوصول إلى أسماع الموتى.

ب.　لا يسمع الدعوة من كان راقدا في قبره.

ج.　الرسول الكريم لا يملك أن يوقع الإيمان في قلوب الكافرين.

د.ينبغي قصر الدعوة على الأحياء من الناس.

19. ﴿ إِنْ أَنتَ إِلَّا نَذِيرٌ (٢٣) ﴾ (فاطر23)

تشير الآية الكريمة السابقة إلى واحد من المعاني الآتية:

أ. ليس بوسع الرسول الكريم شيءٌ سوى الإنذار والتحذير.

ب. اقتصار الدعوة على الإنذار والتحذير لا يكفي لهداية الكافرين.

ج. لدى الرسول مهام أخرى غير الإنذار والتحذير.

د.تبليغ الدعوة مقصورٌ على الرسول وحده.

20. " وأعلم مخروتٌ من الأنف مارنٌعتيقٌ متى ترجم به الأرض تزدد "

في الشطر الثاني من البيت السابق أسلوب:

أ. استفهام.

ب. نداء.

ج. شرط.

د.تمني.

21. ﴿ أَوَلَمْ يَرَوْا أَنَّا نَسُوقُ الْمَاءَ إِلَى الْأَرْضِ الْجُرُزِ فَنُخْرِجُ بِهِ زَرْعًا تَأْكُلُ مِنْهُ أَنْعَامُهُمْ وَأَنفُسُهُمْ أَفَلَا يُبْصِرُونَ ﴿٢٧﴾ ﴾ (السجدة 27)

خروج الزرع كما يتضح من الآية السابقة سببه توفر:

أ. السماد.

ب. الحرارة

ج. التربة.

د.الماء.

22. ﴿ إِنَّ الَّذِينَ قَالُوا رَبُّنَا اللَّهُ ثُمَّ اسْتَقَامُوا تَتَنَزَّلُ عَلَيْهِمُ الْمَلَائِكَةُ أَلَّا تَخَافُوا وَلَا تَحْزَنُوا وَأَبْشِرُوا بِالْجَنَّةِ الَّتِي كُنتُمْ تُوعَدُونَ ﴿٣٠﴾ ﴾ (فصلت 30)

علاقة الجزء الذي تحته خط من الآية الكريمة السابقة بما قبله هي:

أ. علاقة توضيح وتفسير.

ب. علاقة سبب ونتيجة.

ج. علاقة تفصيل وإطناب.

د.علاقة تأكيد وتذكير.

23. " إني ذكرتك بالزهراء مشتاقاوالأفق طلقٌ ومرأى الأرض قد راقا "
تعرب كلمة(مشتاقا) في البيت السابق:

أ. تمييزاً منصوبا.

ب. مفعولا مطلقاً منصوباً.

ج. مفعولاً به منصوباً.

د.حالاً منصوباً.

24. يقصد بالتشخيص في جملة " سرت بعودتك الأوطان "

أ. إكساب المعنوي صورة حسية.

ب. إكساب الأشخاص صورة معنوية.

ج. إكساب الجماد صورة معنوية.

د.إكساب الجماد بعض صفات الأشخاص.

25. " يا دار عبلة بالجواء تكلمي وعمي صباحاً دار عبلة واسلمي."
في عبارة " عمي صباحا دار عبلة ":

أ. تشخيص.

ب. تجسيم.

ج. تضمين.

د.تذييل.

26. أضحت تصوغ ظهورها لبطونها نورا تكاد له القلوب تنور
الدلالة الإيحائية لكلمة " نور " هي:

أ. النور.

ب. النار.

ج. النوار.

د.النهار.

27. والبلبل الغريد راح مرتلا نغما شجياً بالربيع مبشرا

الصورة الفنية في البيت السابق تثير في القارئ:

أ. الدهشة والاستغراب.

ب. الريبة والشك.

ج. الاستحسان والارتياح.

د.الشجن والأسى.

28. ﴿حَٰفِظُواْ عَلَى ٱلصَّلَوَٰتِ وَٱلصَّلَوٰةِ ٱلۡوُسۡطَىٰ وَقُومُواْ لِلَّهِ قَٰنِتِينَ ٢٣٨﴾

(البقرة 238)

نستدل من العلاقة بين ما تحته خط وما قبله في الآية الكريمة السابقة على ورود:

أ. الخاص بعد العام.

ب. العام بعد الخاص

ج. الإيجاز بعد التفصيل.

د.النتيجة بعد السبب.

29. واحدة من العبارات الآتية ورد فيها الفعل (أخذ) بمعنى شرع أو بدأ:

أ. " ثم أخذت الذين كفروا فكيف كان نكير ". (فاطر 26)

ب. أخذت مكاني في المقعد الأمامي من الحافلة.

ج. أخذت الكتاب من رف الكتب.

د.أخذت في كتابة الرسالة.

30. " وردٌ تألق في ضاحي منابتهفازداد منه الضحى في العين إشراقا "

عنى الشاعر بكلمة(العين) في البيت السابق:

أ. مدينة العين في إمارة أبو ظبي.

ب. العين التي يبصر بها الإنسان.

ج. العين التي ينبع منها الماء.

د.الشخص الذي يستطلع الأخبار.

31. " هي الدنيا تقول بملء فيها حذار حذار من بطشي وفتكي "

الغرض من تكرار ما تحته خط في البيت السابق هو:

أ. الترغيب.

ب. الترهيب.

ج. التوضيح.

د. التفصيل.

32. جاء في معرض وصف المتنبي لشعب بوان قوله:

" طبت فرساننا والخيل حتىخشيت - وإن كرمن - من الحران "

وردت في البيت السابق بين الشرطتين جملة معترضة، والغرض منها هو:

أ. الاحتراس.

ب. الدعاء.

ج. التحذير.

د. التأكيد.

33. ﴿ وَمِن رَّحْمَتِهِۦ جَعَلَ لَكُمُ ٱلَّيْلَ وَٱلنَّهَارَ لِتَسْكُنُوا۟ فِيهِ وَلِتَبْتَغُوا۟ مِن فَضْلِهِۦ وَلَعَلَّكُمْ تَشْكُرُونَ ﴿٧٣﴾ ﴾ (القصص 73)

" لعلكم تشكرون " في الآية الكريمة السابقة تدعونا إلى:

أ. استماع القول واتباع أحسنه.

ب. التفكر في خلق الكون.

ج. استخلاص العبرة والموعظة.

تقدير النعمة وعدم كفرانها.

34. " كتبت كتابي، ما أقيم حروفه لشدة إعوالي و .... "

الكلمتان اللتان تصلحان لملء الفراغ في البيت السابق وتنفقان مع (شدة إعوالي) هما:

أ. طول مقامي.

ب. طول نحيبي.

ج. قرب مكاني.

د.طيب خصالي.

35. قال ابن زيدون في معرض وصفه لجمال الطبيعة:" سقى جنبات القصر ...."

الكلمتان اللتان تصلحان لملء الفراغ في الشطر السابق وتتفقان مع معنى (سقى) هما:

أ. هبوب النسائم.

ب. ورق الحمائم.

ج. صوب الغمائم.

د.سيل الغنائم.

36. واحدة من العبارات الآتية نظمت كلماتها بطريقة تفيد معنى تاما، وهي:

أ. ذبيح ثور كأنه خوار علا غطيطه.

ب. ذبيح خوار غطيطه كأنه علا ثور.

ج. غطيطه ثور كأنه ذبيح خوار علا.

د.علا غطيطه كأنه خوار ثور ذبيح.

37. من بين العبارات الآتية عبارة واحدة لها معنى، وهي:

أ. تحصى لا نعم تعد الـلـه ولا.

ب. نعم الـلـه لا تعد ولا تحصى.

ج. الـلـه ولا نعم تعد لا تحصى.

د.تحصى ولا تعد الـلـه نعم.

38. ﴿إِيَّاكَ نَعْبُدُ وَإِيَّاكَ نَسْتَعِينُ ۝٥﴾ (الفاتحة 5)

في الآية الكريمة السابقة تقديم وتأخير، فقد تقدم:

أ. الفاعل على الفعل.

ب. المفعول به على الفعل.

ج. الفاعل على المفعول به.

د.الفعل على المفعول به.

39. " أتى الزمان بنوه في شبيبته فسرهم، وأتيناه على الهرم "

في آخر البيت السابق كلمةٌ محذوفةٌ نفهمها من السياق العام، وتقديرها:

أ. فساءنا.

ب. فسرنا.

ج. فعلمنا.

د. فأوصلنا.

40. ﴿ وَيَجْعَلُونَ لِلَّهِ ٱلْبَنَٰتِ سُبْحَٰنَهُۥ ۙ وَلَهُم مَّا يَشْتَهُونَ ﴿٥٧﴾ ﴾ (النحل 57)

في الآية الكريمة السابقة أسلوب اعتراض، الغرض منه:

أ. الاحتراس.

ب. الدعاء.

ج. التنزيه.

د. التوضيح

الملحق (3)

معامل الصعوبة والتمييز لاختبار استيعاب المعنى

رقم الفقرة	معامل الصعوبة	معامل التمييز	رقم الفقرة	معامل الصعوبة	معامل التمييز
.1	0.57	0.50	.21	0.33	0.38
.2	0.60	0.88	.22	0.50	0.63
.3	0.67	0.75	.23	0.73	0.75
.4	0.70	0.25	.24	0.60	0.38
.5	0.53	0.50	.25	0.57	0.88
.6	0.73	0.38	.26	0.43	0.38
.7	0.67	0.38	.27	0.33	0.63
.8	0.63	0.38	.28	0.53	0.63
.9	0.53	0.50	.29	0.57	0.50
.10	0.57	0.38	.30	0.40	0.63
.11	0.70	0.50	.31	0.50	0.38
.12	0.50	0.38	.32	0.67	0.38
.13	0.70	0.50	.33	0.57	0.63
.14	0.50	0.63	.34	0.50	0.50

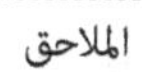

رقم الفقرة	معامل الصعوبة	معامل التمييز	رقم الفقرة	معامل الصعوبة	معامل التمييز
.15	0.30	0.63	.35	0.67	0.38
.16	0.37	0.38	.36	0.30	0.50
.17	0.73	0.50	.37	0.43	0.38
.18	0.63	0.25	.38	0.73	0.38
.19	0.57	0.50	.39	0.70	0.50
.20	0.77	0.63	.40	0.40	0.63

الملحق (**4**)

نموذج الإجابة لاختبار استيعاب المعنى

الرقم	أ	ب	ج	د
1		X		
2				X
3	X			
4			X	
5	X			
6		X		
7			X	
8				X
9	X			
10			X	
11	X			
12			X	
13				X
14		X		
15				X
16	X			
17		X		
18			X	
19	X			
20			X	
21				X
22		X		
23				X
24				X
25	X			

الرقم	أ	ب	ج	د
26			X	
27			X	
28	X			
29				X
30		X		
31		X		
32	X			
33				X
34		X		
35			X	
36				X
37		X		
38		X		
39	X			
40			X	
41				
42				
43				
44				
45				
46				
47				
48				
49				
50				

الملحق (5)

المهارات التي يقيسها اختبار التذوق الأدبي

رقم السؤال	المهارة التي يقسها	مدى ارتباط السؤال بالمهارة		مدى وضوح الصياغة	
		مرتبط	غير مرتبط	واضح	غير واضح
01	التمييز بين أنواع المحسنات البديعية				
02	المفاضلة بين أنواع النظم				
03	استنتاج ما توحي به الكلمات من معانٍ وظلال				
04	تعرف الدلالات الصحيحة لبعض الأفعال				
05	تعرف الغرض من استخدام التشخيص في النظم				
06	التمييز بين أنواع تعلق الكلم بعضه ببعض				
07	التمييز بين أنواع المحسنات البديعية				
08	التحليل والاستنتاج				
09	تعرف أثر الصورة الفنية في نفس القارئ				
10	استنتاج ما توحي به الكلمات من معانٍ وظلال				
11	استنتاج عاطفة الشاعر من السياق العام				
12	المفاضلة بين أنواع النظم				
13	المقارنة بين التراكيب واستنتاج العلاقة بينها				
14	ملء الفراغ بالكلمة المناسبة للمعنى العام				
15	ملء الفراغ بالكلمة المناسبة للمعنى العام				
16	استنتاج ما توحي به الكلمات من معانٍ وظلال				
17	استنتاج عاطفة الشاعر من السياق العام				
18	استنتاج الفكرة التي أرادها الشاعر من السياق				

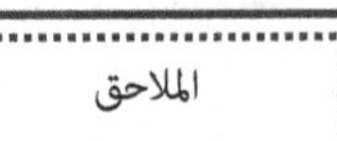

رقم السؤال	المهارة التي يقسها	مدى ارتباط السؤال بالمهارة		مدى وضوح الصياغة	
		مرتبط	غير مرتبط	واضح	غير واضح
19	تمييز أسلوب الالتفات من غيره في النص				
20	المفاضلة بين أنواع النظم				
21	المفاضلة بين أنواع النظم				

رقم السؤال	المهارة التي يقسها	مدى ارتباط السؤال بالمهارة		مدى وضوح الصياغة	
		مرتبط	غير مرتبط	واضح	غير واضح
22	المقارنة بين التراكيب واختيار الأجمل نظماً				
23	تمييز النظم القرآني من غيره				
24	تعليل سر الجمال في بعض التراكيب اللغوية				
25	تعرف نوع التقديم والتأخير في بعض التراكيب				
26	تمييز علاقة الإسناد من غيرها في التركيب اللغوي				
27	تمييز التذييل الجاري مجرى المثل من غيره				
28	تعليل ورود بعض الكلمات مؤكدةً في النظم القرآني				
29	تعليل ورود بعض الكلمات غير مؤكدةٍ في النظم القرآني				
30	بيان الدلالات الإضافية لبعض الكلمات في النظم القرآني				

الملحق (6)

محتوى اختبار التذوق الأدبي

1. ﴿ وَقِيلَ يَٰٓأَرۡضُ ٱبۡلَعِي مَآءَكِ وَيَٰسَمَآءُ أَقۡلِعِي وَغِيضَ ٱلۡمَآءُ وَقُضِيَ ٱلۡأَمۡرُ وَٱسۡتَوَتۡ عَلَى ٱلۡجُودِيِّۖ وَقِيلَ بُعۡدٗا لِّلۡقَوۡمِ ٱلظَّٰلِمِينَ ﴿٤٤﴾ ﴾ (هود 44)

فيما تحته خط من الآية الكريمة السابقة:

أ. طباق بين كلمتين.

ب. مقابلة بين جملتين.

ج. التفات بين نوعين من الضمائر.

د. ترادف بين عدد من الكلمات.

2. أي العبارات الآتية أبلغ في التعبير:

أ. اختفى الماء.

ب. غاض الماء.

ج. أغاض الله الماء.

د. غيض الماء.

3. ﴿ وَهُوَ ٱلَّذِيٓ أَنزَلَ مِنَ ٱلسَّمَآءِ مَآءٗ فَأَخۡرَجۡنَا بِهِۦ نَبَاتَ كُلِّ شَيۡءٖ فَأَخۡرَجۡنَا مِنۡهُ خَضِرٗا نُّخۡرِجُ مِنۡهُ حَبّٗا مُّتَرَاكِبٗا وَمِنَ ٱلنَّخۡلِ مِن طَلۡعِهَا قِنۡوَانٞ دَانِيَةٞ وَجَنَّٰتٖ مِّنۡ أَعۡنَابٖ وَٱلزَّيۡتُونَ وَٱلرُّمَّانَ مُشۡتَبِهٗا وَغَيۡرَ مُتَشَٰبِهٍۗ ٱنظُرُوٓاْ إِلَىٰ ثَمَرِهِۦٓ إِذَآ أَثۡمَرَ وَيَنۡعِهِۦٓۚ إِنَّ فِي ذَٰلِكُمۡ لَأٓيَٰتٖ لِّقَوۡمٖ يُؤۡمِنُونَ ﴿٩٩﴾ ﴾ (الأنعام 99)

كلمة (ماءً) في الآية الكريمة السابقة توحي ب:

أ. الطوفان.

ب. الغليان.

ج. الخصب.

د. الجفاف.

4. " ومضى يجر على الرياض ذيوله حتى حسبنا كل زهر عنبرا "

الفعل (حسب) في البيت السابق يدل على:

أ. عدم التأكد من وضوح الصورة.

ب. تفوق جمال الزهر على جمال العنبر.

ج. ضعف التشابه بين الزهر والعنبر.

د.قوة التشابه بين الزهر والعنبر.

5. في قصيدة (لن أبكي) لفدوى طوقان وردت عبارة: " تنادي من بناها الدار"

في العبارة السابقة تشخيص، يقصد به:

أ. إكساب المعنوي صفةً حسية.

ب. إكساب الأشخاص صفاتٍ معنوية.

ج. إكساب الجماد صفاتٍ معنوية.

د.إكساب الجماد بعض صفات الأشخاص.

6. أزهار نيسان بالعينين أحضنها أحنو عليها وفي شدوي أناغيها

التعلق بين كلمتي (أزهار و نيسان) في البيت السابق هو تعلق:

أ. الحال بصاحبه.

ب. المضاف بالمضاف إليه.

ج. المبتدأ بالخبر.

د.الفاعل بالمفعول به.

7. أزهار نيسان في صحوي أكلمها إن حان نومٌ ففي نومي أناجيها

العلاقة بين ما تحته خط في البيت السابق علاقةٌ من نوع:

أ. الطباق.

ب. الجناس.

ج. الترادف.

د.السجع.

8. أهوى شذاها أمني النفس جيرتها   هذي أمانٍ لعل اللـه يقضيها

يتمنى الشاعر في البيت السابق أن:

أ. يشم أزهار نيسان.

ب. يقطفها.

ج. يكون جاراً لها.

د.ينأى عنها.

9. " الشارع مهجورٌ تعول فيه الريح، تتوجع أعمدةٌ وتنوح مصابيح"

المعاني المستوحاة من السطر السابق تثير فينا:

أ. الطمأنينة والهدوء.

ب. الحماسة والثبات.

ج. الدهشة والاستغراب.

د.الوحشة والحزن.

10. " ويداه تنثران الورد في المرج البديع"

استخدمت الشاعرة الفعل المضارع (تنثران) إيحاءً ب:

أ. الكثرة.

ب. القلة.

ج. السرعة.

د.البطء.

11. " أيها الشيخ ربيع، عد إلينا وأطل مكثك فينا "

عاطفة الشاعرة في السطر السابق تتمحور حول:

أ. الخوف من إطالة بقاء الربيع.

ب. الفرح لانقضاء فصل الربيع.

ج. الشوق واللـهفة للقاء الربيع.

د.الحرص على تعاقب الفصول.

12. واحدة من العبارات الآتية أجمل صياغةً من الأخريات، هي:

أ. من لون أزهار الربيع تشرب الشمس وتسقي المغربا.

ب. لون الشمس وقت الغروب مستمدٌ من لون أزهار الربيع.

ج. ينعكس لون أزهار الربيع على لون الشمس وقت الغروب.

د.لون أزهار الربيع ولون غروب الشمس متشابهان.

13. * "أزاهير وأوراق من لونيهما تشرب الشمس وتسقي المغربا".

* "لقط الربيع الطيف ثم طلى به أزهاره".

المعاني المستوحاة من العبارتين السابقتين تفيد بأنهما:

أ. متطابقتان.

ب. متقاربتان.

ج. متضادتان.

د.لا علاقة بينهما.

14. " وقد نبه النيروز في غسق الدجى أوائل وردٍ كن بالأمس .... "

الكلمة التي تصلح لملء الفراغ في البيت السابق وتوحي بها كلمة (نبه) هي:

أ. نعما.

ب. نوما

ج. مغنما.

د.منمنما.

15. " يفتقها برد الندى فكأنه .... حديثاً كان قبل مكتما. "

الفعل الذي يصلح لملء الفراغ في البيت السابق وتوحي به كلمة (مكتما) هو:

أ. يمحو.

ب. يكتم.

ج. يجمع.

د.يبث.

16. ﴿ وَمَا يَسْتَوِي الْبَحْرَانِ هَٰذَا عَذْبٌ فُرَاتٌ سَائِغٌ شَرَابُهُ وَهَٰذَا مِلْحٌ أُجَاجٌ ۖ وَمِن كُلٍّ تَأْكُلُونَ لَحْمًا طَرِيًّا وَتَسْتَخْرِجُونَ حِلْيَةً تَلْبَسُونَهَا ۖ وَتَرَى الْفُلْكَ فِيهِ مَوَاخِرَ لِتَبْتَغُوا مِن فَضْلِهِ وَلَعَلَّكُمْ تَشْكُرُونَ ﴿١٢﴾ ﴾ (فاطر 12)

(لحماً طرياً) في الآية الكريمة السابقة توحي ب:

أ. سهولة صيد السمك.

ب. سهولة هضمه.

ج. عدم حاجته للطهو.

د. خلوه من العظم.

17. مما قاله المتنبي في معرض وصفه لشعب بوان:

" لها ثمرٌ تشير إليك منهبأشربةٍ وقفن بلا أواني "

عاطفة الشاعر في البيت السابق تتمحور حول:

أ. الدهشة من نضج الثمار وشفافية قشرها.

ب. اللـهفة إلى تناول تلك الثمار وشربها.

ج. الخوف على تلك الأشربة والعصائر من الانسكاب.

د. الأسف لتحطم الأواني التي كانت تحوي تلك الأشربة.

18. مما قاله البحتري في معرض وصفه لبركة المتوكل:

" إذا النجوم تراءت في جوانبها ليلاً حسبت سماء ركبت فيها "

الفكرة التي أراد الشاعر إبرازها في البيت السابق هي:

أ. سعة بركة المتوكل وصفاء مائها.

ب. ضحالة ماء البركة وتعكره.

ج. قرب النجوم من سطح البركة.

د. عدم قدرة الشاعر على التمييز بين النجوم وصورتها.

19. ﴿ٱلَّذِي جَعَلَ لَكُمُ ٱلۡأَرۡضَ مَهۡدٗا وَسَلَكَ لَكُمۡ فِيهَا سُبُلٗا وَأَنزَلَ مِنَ ٱلسَّمَآءِ مَآءٗ فَأَخۡرَجۡنَا بِهِۦٓ أَزۡوَٰجٗا مِّن نَّبَاتٖ شَتَّىٰ ٥٣﴾ (طه 53)

في الآية الكريمة السابقة محسنٌ بديعيٌ من نوع:

أ. الطباق.

ب. الجناس.

ج. السجع.

د.الالتفات.

20. العبارة الأجمل نظماً مما يلي هي:

أ. أول بسمة شربت من شفاه الشمس.

ب. شربت أول بسمة من شفاه الشمس.

ج. من شفاه الشمس أول بسمة شربت.

د.أول بسمة من شفاه شربت الشمس.

21. العبارة الأكثر دقة في التعبير عن الارتياح مما يلي هي:

أ. ارتاح بليغ لتوقيع المدير إجازته.

ب. أظهر بليغ الارتياح عندما وقع المدير إجازته.

ج. ارتسمت على وجه بليغ السماحة والارتياح.

د.لم يخف بليغ ارتياحه لتوقيع المدير إجازته.

22. واحدة من الجمل الآتية يشتمل نظمها على تشبيه، وهي:

أ. الخادمة بطيئة في مشيتها.

ب. تنساب الخادمة في مشيتها انسياب الزواحف.

ج. بدت الخادمة بطيئة الخطوات.

د.تمشي الخادمة ببطء.

23. واحدة من الصياغات الآتية مقتبسة نصاً حرفياً من النظم القرآني: وهي:

أ. هو الذي أنزل ماء من السماء.

ب. هو الذي من السماء أنزل ماء.

ج. هو الذي أنزل من السماء ماء.

د.هو الذي ماء أنزل من السماء.

24. ﴿ قَالَ يَٰقَوۡمِ أَرَءَيۡتُمۡ إِن كُنتُ عَلَىٰ بَيِّنَةٖ مِّن رَّبِّي وَرَزَقَنِي مِنۡهُ رِزۡقًا حَسَنٗاۚ وَمَآ أُرِيدُ أَنۡ أُخَالِفَكُمۡ إِلَىٰ مَآ أَنۡهَىٰكُمۡ عَنۡهُۚ إِنۡ أُرِيدُ إِلَّا ٱلۡإِصۡلَٰحَ مَا ٱسۡتَطَعۡتُۚ وَمَا تَوۡفِيقِيٓ إِلَّا بِٱللَّهِۚ عَلَيۡهِ تَوَكَّلۡتُ وَإِلَيۡهِ أُنِيبُ ٨٨ ﴾ (هود 88)

جمال النظم في الآية الكريمة السابقة ناجمٌ عن اشتمالها على:

أ. محسن بديعي.

ب. صورة بيانية.

ج. إعادة وتكرار.

د.تقديم وتأخير.

25. " يضاحك الشمس منها كوكبٌ شرقٌمؤزرٌ بعميم النبت مكتهل "

جمال النظم في الشطر الأول من البيت السابق يرجع إلى تقدم:

أ. الفاعل على المفعول به.

ب. الخبر على المبتدأ.

ج. المفعول به على الفاعل.

د.النعت على المنعوت.

26. " يضاحك الشمس منها كوكبٌ شرقٌمؤزرٌ بعميم النبت مكتهل "

العلاقة بين ما تحته خط في الشطر الأول من البيت السابق علاقة:

أ. مسندٍ ومسند إليه.

ب. تابع ومتبوع.

ج. مضاف ومضاف إليه.

د.مشبهٌ ومشبهٌ به.

27. " سئمت تكاليف الحياة، ومن يعش ثمانين حولاً لا أبا لك يسأم "

في البيت السابق:

أ. تضاد.

ب. ترادف.

ج. تشبيه.

د.تذييل.

28. ﴿ وَقَالَ مُوسَىٰٓ إِن تَكْفُرُوٓا۟ أَنتُمْ وَمَن فِى ٱلْأَرْضِ جَمِيعًا فَإِنَّ ٱللَّهَ لَغَنِىٌّ حَمِيدٌ ﴿٨﴾ ﴾ إبراهيم 8)

في الآية الكريمة السابقة تم توكيد كلمة (غني) باللام، لأن:

أ. التوكيد ب (إن) يتطلب التوكيد بعدها باللام.

ب. كلمة (غني) نكرة وتقتضي التوكيد باللام.

ج. الفعل (تكفروا) قبلها يوحي باستمرارية الكفر.

د.جملة (إن الـلـه غني حميد) جوابٌ للشرط.

29. ﴿ وَلَقَدْ ءَاتَيْنَا لُقْمَٰنَ ٱلْحِكْمَةَ أَنِ ٱشْكُرْ لِلَّهِ ۚ وَمَن يَشْكُرْ فَإِنَّمَا يَشْكُرُ لِنَفْسِهِۦ ۖ وَمَن كَفَرَ فَإِنَّ ٱللَّهَ غَنِىٌّ حَمِيدٌ ﴿١٢﴾ ﴾ (لقمان 12)

كلمة (غني) في الآية الكريمة السابقة لم تؤكد باللام، لأن:

أ. من كفر بعضٌ من الناس، وليس كل الناس.

ب. التوكيد ب (إن) يغني عن التوكيد باللام.

ج. السياق الذي وردت فيه سياقٌ خبري.

د.توكيدها باللام يجعلها ثقيلة على السمع.

30. ﴿ بَشِّرِ ٱلْمُنَٰفِقِينَ بِأَنَّ لَهُمْ عَذَابًا أَلِيمًا ﴿١٣٨﴾ ﴾ (النساء 138)

ورود الفعل (بشر) في الآية الكريمة السابقة مع (العذاب الأليم)، يوحي ب:

أ. بعث الأمل في نفوس المنافقين.

ب. التهكم عليهم والسخرية منهم.

ج. إشعارهم بالعفو عنهم..

د.ضآلة الذنوب التي اقترفوها.

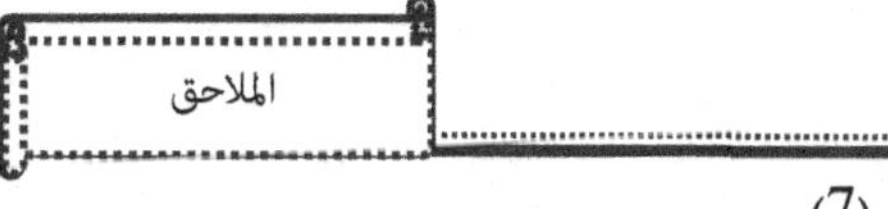

الملحق (7)

معامل الصعوبة والتمييز لاختبار التذوق الأدبي

رقم الفقرة	معامل الصعوبة	معامل التمييز	رقم الفقرة	معامل الصعوبة	معامل التمييز
.1	0.57	0.63	.16	0.33	0.75
.2	0.50	0.38	.17	0.30	0.50
.3	0.37	0.38	.18	0.50	0.38
.4	0.53	0.75	.19	0.67	0.50
.5	0.63	0.63	.20	0.40	0.63
.6	0.70	0.50	.21	0.53	0.63
.7	0.40	0.63	.22	0.57	0.25
.8	0.50	0.50	.23	0.53	0.38
.9	0.57	0.75	.24	0.40	0.25
.10	0.50	0.38	.25	0.70	0.75
.11	0.43	0.38	.26	0.63	0.50
.12	0.37	0.88	.27	0.67	0.38
.13	0.67	0.63	.28	0.73	0.50
.14	0.43	0.38	.29	0.70	0.50
.15	0.40	0.25	.30	0.63	0.75

الملحق (8)

نموذج الإجابة لاختبار التذوق الأدبي

الرقم	أ	ب	ج	د
1		X		
2				X
3			X	
4				X
5				X
6		X		
7	X			
8			X	
9				X
10	X			
11			X	
12	X			
13			X	
14		X		
15				X
16		X		
17	X			
18	X			
19				X
20		X		
21			X	
22		X		

الرقم	أ	ب	ج	د
26	X			
27				X
28			X	
29	X			
30		X		
31				
32				
33				
34				
35				
36				
37				
38				
39				
40				
41				
42				
43				
44				
45				
46				
47				

23			X	
24				X
25			X	

48				
49				
50				

الملحق (9)

أسماء الخبراء والمختصين الذين قاموا بتحكيم أدوات الدراسة

-1	الأستاذ الدكتور إبراهيم السعافين	جامعة الشارقة
-2	الأستاذ الدكتور أمين الكخن	الجامعة الأردنية
-3	الأستاذ الدكتور حمدان علي نصر	جامعة اليرموك
-4	الأستاذ الدكتور طه الدليمي	الجامعة الهاشمية
-5	الأستاذة الدكتورة فريال الخالدي	جامعة عجمان
-6	الدكتور أحمد عرفات الضاوي	جامعة عجمان
-7	الدكتور خلدون أبو الهيجاء	جامعة اليرموك
-8	الدكتورة سعاد الوائلي	الجامعة الهاشمية
-9	الدكتور عبد الكريم أبو جاموس	جامعة اليرموك
-10	الدكتور محمد السيد الشافعي	مركز المناهج – وزارة التربية والتعليم، دبي
-11	الأستاذة حصة عبد الجبار الخاجة	توجيه اللغة العربية – منطقة الشارقة التعليمية
-12	الأستاذ أحمد مسلم قنبس	مدرسة الخليج العربي للتعليم الثانوي - الشارقة
-13	الأستاذة موزة سليمان آل علي	مدرسة الحيرة للتعليم الثانوي - الشارقة

المراجع

المراجع باللغة العربية:

- **القرآن الكريم.**
- **إبراهيم، عز الدين(2006). اللغة العربية في مؤسسات التعليم العام والعالي والأعلى. ط2 ، أبو ظبي: دار الفجر للطباعة والنشر والتوزيع.**
- **ابن جني، عثمان (1999). الخصائص. تحقيق محمد علي النجار، القاهرة: الهيئة المصرية العامة للكتاب.**
- **أبو مغلي، سميح (1999). الأساليب الحديثة لتدريس اللغة العربية. عمان: دار مجدلاوي.**
- **أبو موسى، محمد محمد (1974). خصائص التراكيب. ط2، القاهرة: مكتبة وهبة.**
- **الأسد آبادي، القاضي عبد الجبار(1385هـ). المغني في أبواب التوحيد والعدل. تحقيق محمد الخضيري. القاهرة: المؤسسة المصرية العامة للتأليف والنشر.**
- **أندريه، جاك ديشين (1991). استيعاب النصوص وتأليفها. ترجمة هيثم لمع، بيروت: المؤسسة الجامعية للدراسات والنشر والتوزيع.**
- **تاكفراست، بشرى (2005). الدراسات الحديثة ونظرية النظم عند الجرجاني، مجلة جامعة ابن يوسف، العدد الرابع، ص ص: 54-80.**
- **التل، شادية أحمد و المقدادي، محمد فخري (1991). أثر القدرة القرائية و طريقة عرض النصوص في الاستيعاب. أبحاث جامعة اليرموك: سلسة العلوم الإنسانية و الاجتماعية، المجلد 4، ص ص:57-84.**
- **توق، محيي الدين و عدس، عبد الرحمن (1990). أساسيات علم النفس التربوي. عمان: مركز الكتب الأردني.**
- **الجرجاني، عبد القاهر(1961). دلائل الإعجاز. تحقيق محمد رشيد رضا، القاهرة: مكتبة القاهرة.**
- **الجرجاني، عبد القاهر (2005). دلائل الإعجاز. تحقيق علي محمد زينو، دمشق: مؤسسة الرسالة.**
- **حامد، عبد السلام السيد (2006). جوانب مهمة في نظرية المعنى. مجلة العربية،**

الشارقة: جمعية حماية اللغة العربية. العدد 1، ص ص: 28-35 .

- حبلص، محمد (1993). أثر الوقف على الدلالة التركيبية، القاهرة: دار الثقافة العربية.
- حبيب الله، محمد (2000). أسس القراءة وفهم المقروء بين النظرية والتطبيق. عمان: جمعية عمال المطابع التعاونية.
- الحداد، عبدالكريم سليم (2006). فعالية استراتيجية قرائية مقترحة في الاستيعاب القرائي لدى طلاب الصف الثامن الأساسي. مجلة جامعة دمشق للعلوم التربوية. المجلد 22 العدد1، ص ص: 153-187.
- حسان، تمام(1984). اللغة العربية مبناها ومعناها. القاهرة: الهيئة المصرية العامة للكتاب.
- لحمي، محمد علاء الدين (**1994**). أثر برنامج معد وفق أسلوب النظم على تنمية بعض مهارات اللغة العربية لدى التلاميذ المتخلفين عقليا، المنيا: أطروحة دكتوراه غير منشورة، جامعة المنيا.
- خاطر، محمود رشدي، وشحاتة، حسن و طعيمة، رشدي و الحمادي، يوسف (1989). طرق تدريس اللغة العربية والتربية الدينية في ضوء الاتجاهات التربوية الحديثة ط 4 . بيروت: المكتبة الوطنية.
- خاقو، محمد حسين (1997). برنامج مقترح لتطوير تدريس النحو في ضوء نظرية النظم عند عبد القاهر الجرجاني وأثره على التحصيل في بعض المهارات النحوية لدى طلبة كلية التربية بالجمهورية اليمنية، صنعاء: أطروحة دكتوراه غير منشورة، جامعة صنعاء.
- خاقو، محمد حسين و السبع، سعاد سالم (2007). مدخل مقترح لتدريس النحو والصرف في التعليم الجامعي مجلة الدراسات الاجتماعية. العدد 23،ص ص: 239-264.
- الداية، فايز (1985). علم الدلالة العربي، ط1، دمشق: دار الفكر.
- درويش، شوكت علي (2004). الرخصة النحوية. عمان: وزارة الثقافة.
- الدليمي، طه و الوائلي، سعاد (2003). اللغة العربية مناهجها وطرائق تدريسها. ط 1، عمان: دار الشروق للنشر والتوزيع.
- راسل، برتراند (2005). ما وراء المعنى والحقيقة، ترجمة محمد قدري عمارة، القاهرة:

المجلس الأعلى للثقافة.

- ريتشاردز، أ.أ.(1963). مبادئ النقد الأدبي، ترجمة مصطفى بدوي، القاهرة: مطبعة مصر.
- الزيات، فتحي (1998). صعوبات التعلم الأسس النظرية والتشخيصية والعلاجية. القاهرة: دار النشر للجامعات.
- سرور، نعمة مصطفى (1998). ثنائية اللفظ والمعنى عند الجرجاني. مجلة التربية. العدد(153-155)، ص ص: 201-208.
- سلام، محمد زغلول (1388هـ). أثر القرآن في تطور النقد العربي. ط 3، القاهرة: دار المعارف.
- سمك، محمد صالح (1998). فن التدريس للتربية اللغوية وانطباعاتها المسلكية وأنماطها العلمية. القاهرة: دار الفكر المصري.
- الشتوي، فهد (2005). دلالة السياق وأثرها في توجيه المتشابه اللفظي. رسالة ماجستير غير منشورة، مكة: جامعة أم القرى.
- شحاتة، حسن (1998). المناهج المدرسية بين النظرية والتطبيق. القاهرة: مكتبة الدار العربية للكتاب.
- الشطي، هيثم (2001). فاعلية استخدام نموذج روبنسون في الاستيعاب القرائي لدى طلبة الصف التاسع الأساسي. عمان: رسالة ماجستير غير منشورة، الجامعة الأردنية.
- الصاوي، أحمد عيد السيد (1982). النقد التحليلي عند عبد القاهر الجرجاني. الإسكندرية: دار بورسعيد للطباعة.
- ضيف، شوقي (1965). البلاغة تطور وتاريخ. القاهرة: دار المعارف.
- طبانة، بدوي (1381هـ). البيان العربي. ط 3 القاهرة: مكتبة الإنجلو مصرية.
- طعيمة، رشدي أحمد (1971). وضع مقياس للتذوق الأدبي عند طلاب المرحلة الثانوية. القاهرة: رسالة ماجستير غير منشورة، جامعة عين شمس.
- الظهار، نجاح أحمد (2006). أثر استخدام نظرية النظم عند الشيخ عبد القاهر الجرجاني في تنمية التذوق البلاغي لدى طالبات اللغة العربية بكلية التربية. المدينة المنورة: مكتبة العبيكان.
- الظهار، نجاح أحمد (1996). الشواهد الشعرية في كتاب دلائل الإعجاز للشيخ عبد

القاهر الجرجاني. ط1، (لام): (لان).

- عاشور، راتب والحوامدة، محمد (2007). أساليب تدريس العربية بين النظرية والتطبيق. عمان: دار المسيرة.
- عبد الله، زيد عمر (2007). السياق القرآني وأثره في الكشف عن المعاني. مجلة جامعة الملك سعود. المجلد 15 العدد2، ص ص: 837-877.
- عبد المجيد، عبد المجيد (2000). فعالية استراتيجية معرفية معينة في تنمية بعض المهارات العليا للفهم في القراءة لدى طلبة الصف الأول الثانوي. مجلة القراءة والمعرفة، العدد 1، 191- 236.
- عبيدات، يوسف محمد مثقال (1991). أثر طريقة عرض النصوص في الاستيعاب لدى طلاب الصف التاسع الأساسي. اربد: رسالة ماجستير، جامعة اليرموك.
- عتيق، عبد العزيز (1970). علم المعاني، بيروت: دار النهضة العربية.
- عجيز، عادل أحمد (1985). تنمية التذوق الأدبي لدى طلبة المرحلة الثانوية. القاهرة: رسالة ماجستير، جامعة الزقازيق.
- عرفة، عبد العزيز عبد المعطي (1983). تربية الذوق البلاغي عند عبد القاهر الجرجاني. ط1، القاهرة: دار الطباعة المحمدية.
- العسكري، أبو هلال الحسن بن عبد الله (1981). الصناعتين: الكتابة والشعر، تحقيق مفيد قميحة، بيروت: دار الكتب العلمية.
- العشماوي، محمد زكي (1994). قضايا النقد الأدبي بين القديم و الحديث. ط1، القاهرة: دار الشروق.
- عصر، حسني (1991). تصور مقترح لمنهج نحوي بلاغي وأثره على تنمية مهارات الإنتاج اللغوي والتذوق الأدبي لدى طلبة المرحلة الثانوية، طنطا: أطروحة دكتوراه، جامعة طنطا.
- العفيف، سميا أحمد (2005). أثر استخدام استراتيجية الأنشطة البنائية الموجهة في تنمية مهارات النقد والتذوق الأدبي لدى طلبة الصف الأول الثانوي الأدبي، عمان: أطروحة دكتوراه غير منشورة، جامعة عمان العربية للدراسات العليا.
- عمايرة، عبد الله عيسى (2004). بناء برنامج تدريبي لتحسين الاستيعاب القرائي عند طلبة الصف الثامن الأساسي في لواء دير علا و اختبار فاعليته. عمان: أطروحة دكتوراه غير منشورة، جامعة عمان العربية للدراسات العليا.

- القزويني، محمد بن عبد الرحمن (1991). الإيضاح في علوم البلاغة. ط 2، تحقيق علي أبو ملحم. بيروت: دار الهلال.
- المبارك، مازن (2003). نحو وعي لغوي. ط 4 دمشق: دار البشائر.
- محمد، أحمد سعد (1999). الأصول البلاغية في كتاب سيبويه وأثرها في البحث البلاغي، ط1، القاهرة: مكتبة الآداب.
- مراد، وليد محمد (1983). نظرية النظم وقيمتها العلمية في الدراسات اللغوية عند عبد القاهر الجرجاني. دمشق: دار الفكر.
- المرسي، محمد حسن (2004). المعنى مفهومه وطبيعته وتطبيقاته التربوية. مجلة القراءة والمعرفة. العدد 39 ، ص:193-213.
- مطلوب، أحمد (1973). عبد القاهر الجرجاني بلاغته ونقده. ط1، الكويت: وكالة المطبوعات.
- المعشني، محمد (1995). مشكلات تعليم البلاغة في المرحلة الثانوية في سلطنة عمان تشخيصها ومقترحات علاجها. مسقط: رسالة ماجستير، جامعة السلطان قابوس.
- مندور، محمد (1993). في الميزان الجديد. ط2 تونس: مؤسسات ع. بن عبد الله.
- موسى، مصطفى إسماعيل (2001). أثر استراتيجية ما وراء المعرفة في تحسين أنماط الفهم القرائي والوعي بما وراء المعرفة وإنتاج الأسئلة لدى تلاميذ المرحلة الإعدادية. مجلة القراءة والمعرفة. المجلد الأول، ص ص: 129-152.
- هلال، ماهر مهدي (1980). جرس الألفاظ ودلالتها في البحث البلاغي والنقدي عند العرب. بغداد: دار الرشيد للنشر.
- هنداوي، صبري عبد المجيد (1995) تأثير تدريس النصوص الأدبية في ضوء نظرية النظم لعبد القاهر الجرجاني على التذوق الأدبي لدى طلاب الصف الثاني الثانوي. القاهرة: رسالة ماجستير، معهد الدراسات التربوية جامعة القاهرة.
- وزارة التربية والتعليم الأردنية (1988). المؤتمر الوطني للتطوير التربوي. رسالة المعلم، المجلد 29، العددان الثالث والرابع، ص ص:27-71.
- وزارة التربية والتعليم والشباب الإماراتية، (2002). الوثيقة الوطنية لمنهج اللغة العربية للتعليم العام. أبوظبي: مطبعة ابن منصور.

المراجع باللغة الأجنبية:

- Anderson, T.H., (1985) Study Skills and Learning Strategies. In Neil, H. (ed.) Learning Strategies. New York, Academic Press.
- Baldwin, R.S.; (1985) Brukner, z.p; and Ann H. McClintock. Effects of Topic Interest and Prior Knowledge on Reading comprehension, Reading Research Quarterly, vol.xx, No.4, , PP 497 – 504.
- Besson,.L.(1999). An Appreciation of Ted Hughes Studies in Reading and Calture. 6 , (2), pp 187-196.
- Bimmel, P.E and Schooten, E.V. (2004). The relationship between strategic reading activities and reading comprehension. Educational Studies in Language and Literature. 4, PP 85-102.
- Dixon, M., Harwis L., McGrath, M., O'Neill, S. and Swanson, S. (1999) Increasing reading comprehension. Unpublished master dissertation, Saint Xavier University, Chicago: Illinois.
- Goodman, Y.M. And Burke, C. (1983). Reading Strategies Focusing On Comprehension. New York: Holt Rinehart and Winston.
- Kaufman, A. and Kaufman, N. (1985). Test Of Educational achievement. American Guidance Service, Inc.
- Lewis, J,S &others. (1963) – Teaching English 7/12. American Book company, copy right.
- Reed,H.B.(1992).Meaning as factor in learning. Journal of Educational Psychology. 84, PP 395-399.
- Robinson, Francis. P. (1970). Effective Study. New York: Fourth Edition, Harper & Row, Publisher, New York.
- Strain, L.B. (1976). Accountability in Reading Instruction. Ohio: Charles Publishing Company, Columbus, pp. 259-285.

Printed in the United States
By Bookmasters